**CiberInvestigación
en Redes Sociales**
Primera Edición
Año 2023

Herramientas básicas de CiberInvestigación

AUTOR
José Ángel Duarte

OPEN SOURCE INTELLIGENCE – OSINT PARA TODOS

Manual básico e imprescindible para búsqueda y análisis de información online de redes sociales, para todas las personas que quieran adentrarse en el apasionante mundo de las investigaciones a través de internet.

Primera edición

Madrid, 2023

Autor: José Ángel Duarte
Sello: Independently published

ISBN: 9798399809724

TABLA DE CONTENIDO

El autor del manual es Ex militar y técnico especialista en Telecomunicaciones por el Ministerio de Defensa. Director Superior de Seguridad y Bachelor´s degree in electronic engineering (Ingeniería Electrónica).

Diplomado Superior Universitario en Investigación Privada por la Universidad Antonio de Nebrija. Dirigió varios años equipos de seguridad en organismos púbicos de Latinoamérica, y fue Asesor de la Presidencia en la Asamblea Nacional del Ecuador participando en sendas comisiones sobre la Ley de Recuperación de Capitales, análisis de datos políticos y retrospectivos entre otros.

Ha sido asesor en diferentes campañas políticas en Iberoamérica. Premio Internacional en Ciberinteligencia por la Asociación Nacional de Tasadores y Peritos Judiciales Informáticos de España (ANTPJI). Posee el premio 2021 a la mejor pericial internacional en ciberinteligencia sobre estafas online bancarias ramificadas.

Colabora con despachos de abogados internacionales; como Perito Judicial de la Función Judicial del Consejo de la Judicatura del Ecuador ha participado en sendas periciales de geolocalización entre otros. Profesor titular de INISEG en el curso de *Análisis de Ciberinteligencia Aplicada* (autor del mismo manual) en colaboración con la Universidad Complutense de Madrid.

Notas y Fuentes consultadas

Las fuentes consultadas y las anotaciones están descritas en cada página del manual, como referencias, en las que el lector podrá ver las fuentes originales, lugares donde hallarlas y su significado completo. Se ha considerado que de esta forma facilita al lector acceda a la información sin necesidad de cambiar de página.

Más vale ser vencido diciendo la verdad, que triunfar por la mentira

Mahatma Gandhi

El anglicismo *Sock Puppet*, significa literalmente, "muñeco de calcetín o títere hecho de trapos o calcetines"; para el lector que no esté familiarizado con estos términos en el entorno de OSINT, se definirá como *cuentas creadas con el propósito de engañar, manipular y cambiar opiniones en determinados lugares, como foros, cuentas de reseñas de productos, personas, campañas políticas o empresas.*

Se tiene constancia de las primeras cuentas títeres o Sock Puppet, en la era del marketing digital para realizar campañas masivas publicitarias de productos en líneas, su hallazgo y sus usos dio paso a una forma nueva de hacer política, que no es más que la conjunción del marketing digital, redes sociales y promoción política, como si fuese un producto de primera necesidad, todo esto de primera, parece sencillo, pero requiere de una serie de técnicas y tácticas bien definidas para conseguir desinformar al grupo a los que se dirigen.

Como se vió en la primera parte, en el capítulo número 3 de este manual, este tipo de técnicas se hacen más visibles en la propagación de campañas de *desinformación* y *fake news;* pero todo esto... *¿Cómo se usa para un analista OSINT?* Y lo más importante... *¿Cómo seguir e identificar a los actores detrás de una Sock Puppet?*

Como analistas de Inteligencia de Recursos Abiertos, es probable que se solicite en algún momento la identificación de actores detrás de ciertas cuentas que usan el *"anonimato"* que brinda internet y las redes sociales para transgredir de diferentes formas a grupos, entidades o colectivos, o incluso a personas de interés político. No obstante, en este capítulo veremos cómo generar de forma rápida una cuenta Sock Puppet, y aunque para hacer seguimientos e investigaciones se necesiten algunas otras más, se servirán los lectores de estas funciones para poder interactuar con cuentas que se estén investigando, siguiendo y/o analizando.

Se recomienda dirigirse a la web *datafakegenerator.com,* hay muchas otras web dedicadas a lo mismo, e incluso Script en Python que pueden descargarse para realizarlos directamente en redes sociales, o bien el PVACreator (pvacreator.com), que tiene funcionalidades muy interesante a la hora de llevar a cabo investigaciones con más de 3 cuentas Sock Puppet, que en el caso de ser cuentas creadas para este fin investigativo, se les puede denominar virtual humint, como se ha hablado en capítulo 8, página 68 de este manual, de hecho habría que mencionarlo en el informe OSINT que se hizo uso de virtual humint.

Una de las funciones interesantes de este software es la resolución de *captcha* de manera automática, aunque no siempre funcionan, debido a que debe estar configurado de manera eficiente entre nuestro navegador y las cuentas de creación; aunque como analistas ya se ha visto en el capítulo 7 la configuración propia de Proxy, Vpn y demás elementos de navegación segura, así como los *user-agent;* se conoce además que los bots de verificación que integran *machine learning* podrían detectar este automatismo. En la actualidad, puede funcionar el salto de *captcha* en un 76% de los casos; siendo esto una forma sencilla y rápida de obtener cuentas ya verificadas en diferentes redes sociales para usarlas como instrumentos de obtención de información, introducción en foros, post y señuelos como URL, QR, imágenes con introducción de script de seguimiento y localización, e incluso los CanaryTokens del capítulo siguiente.

En la web de PVACreator se puede leer el sistema que dicen usar para la resolución automática de las verificaciones de creación de cuentas.

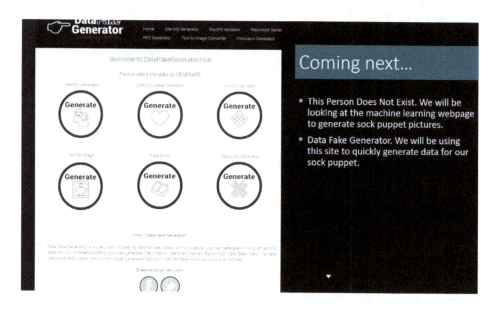

Con respecto a datafakegenerator.com, elegimos la opción que nos interesa, en el caso concreto de este capítulo, seleccionamos *generador de identidad,* y el sistema muestra todos los datos relativos a una persona virtual y ficticia, obteniendo de forma automática una dirección mail incluso.

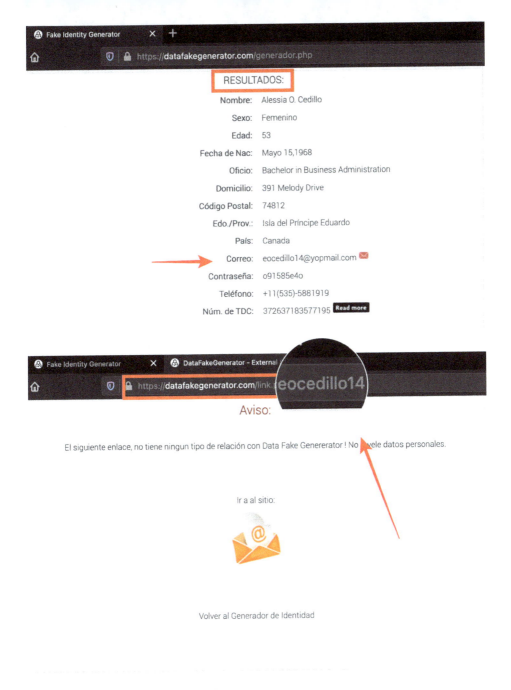

RESULTADOS:

Nombre:	Alessia O. Cedillo
Sexo:	Femenino
Edad:	53
Fecha de Nac:	Mayo 15,1968
Oficio:	Bachelor in Business Administration
Domicilio:	391 Melody Drive
Código Postal:	74812
Edo./Prov.:	Isla del Príncipe Eduardo
País:	Canada
Correo:	eocedillo14@yopmail.com
Contraseña:	o91585e4o
Teléfono:	+11(535)-5881919
Núm. de TDC:	372637183577195 **Read more**

Aviso:

El siguiente enlace, no tiene ningun tipo de relación con Data Fake Genererator ! No revele datos personales.

Ir a al sitio:

Volver al Generador de Identidad

A partir de este paso se puede abrir cuentas en cualquier red social, y foros donde recibir los correos de verificación de cuenta, así como los propios de activación de las mismas.

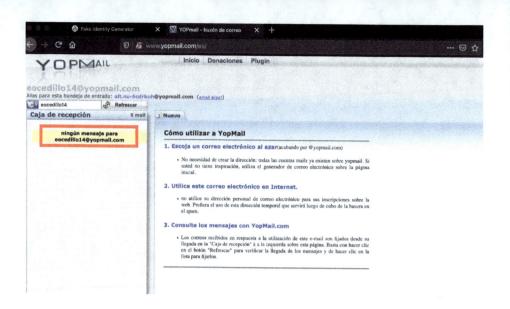

Como se puede observar en la imagen anterior, la cuenta de correo electrónico está totalmente funcional y operativa, para los analistas más atrevidos se podría realizar en Python un generador de este tipo, con bases de datos de nombres mas creíbles dependiendo de la zona donde se vaya a desarrollar las investigaciones. Así Se debe saber que, si se creamos cuentas en una investigación para hispanos hablantes, y en zonas geográficas de América Latina o Hispanoamérica, lo recomendable es que la base de generación de identidades sea acorde y no levanten sospechas rápidas, sino no se tendrá la más mínima posibilidad de que se usen las diferentes técnicas definidas anteriormente, como ingeniería social con herramientas SET, CanaryTokens, Grabify, y enlaces con Script de *Geodata*[1].

---

[1] Elementos de código insertados, e introducidos con ayuda de SET y que reportan información y datos de geoposicionamiento del objetivo, IP, navegador e información accesible en ese momento.

No es lo inteligente que eres lo que importa, lo que realmente cuenta es cómo es tu inteligencia.

Howard Gardner

Para conocer el origen de la procedencia de *Canarytokens,* sorprende saber que nada tiene que ver con la informática ni la seguridad informática, su extensión de uso se hizo popular por la sensibilidad que tienen los *canarios* al detectar el metano y monóxido de carbono, por este motivo los mineros llevaban siempre consigo un canario cuando bajaban a la mina, puesto que hacía la función de *"avisador"* de presencia de este peligro humano.

En la actualidad, la función del canarytockens es alertar e informar de una actividad de nuestro interés, y que haya sido previamente definida en su configuración, para posteriormente poder subirlo o enviarlo estratégicamente.

Esta técnica consiste en la introducción de track invisible a modo de pixel, y puede usarse con diferentes formatos de archivos, como Word, por ejemplo, su función está basada en la localización o geoposicionamiento de la persona que abre el mensaje, una técnica muy usada para investigación OSINT, pudiendo además obtener más datos como la IP, tipo de navegador, incluso si el objetivo está usando TOR, y más elementos configurables.

Su configuración puede desarrollarse de forma manual con script y editando el código para generar los datos que sean de interés, o bien, realizándolo con herramientas online, mucho más sencillo y eficaz para los analistas o investigadores que no sepan de programación, código o simplemente no quieran desarrollar un script para una investigación concreta.

Para comenzar, en la web de canarytokens.org[2] , se puede realizar y configurar un *canary* de diversos formatos, aunque el más recomendable para investigaciones será el Word o PDF, aunque hay objetivos que quizás no rechazarían un posible cliqueo en un enlace si se le da la *cobertura ideal con ingeniería social (SET).* [3]

En la web, se selecciona el tipo de token que se necesita para la investigación, dependiendo del perfil del objetivo, en el caso particular del ejemplo, seleccionamos el

---

[2] https://canarytokens.org/generate
[3] SET: Social Engineering Toolkit. Herramientas para realizar rápido y sencillo vectores.

formato PDF, que como se ha mencionado suele ser el más habitual en las investigaciones.

En el (1) escribimos la dirección de mail o web donde se tenga acceso para comprobar la notificación del *canary;* en el (2) escribimos un recordatorio para identificar el canarytockens y de donde proviene dicha notificación, por si se envían más de una al mismo objetivo o a varios objetivos.

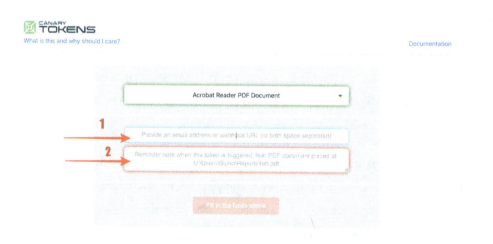

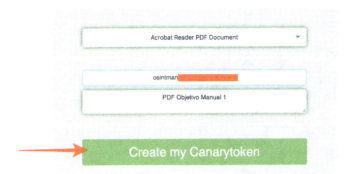

Introducidos los datos necesarios, clicamos en *"crear mi canarytoken"*, el script automático de la web creará uno, que será un archivo PDF, el cual puede ser enviado por mail o colocarlo en un servidor para su posterior apertura por parte del objetivo, usando como se ha mencionado anteriormente técnicas SET o una cobertura que el analista OSINT considere oportuna para el objetivo.

El token generado puede ser consultado y configurado desde la opción de *"manage this token"*, se podrá comprobar si ha sido abierto el archivo enviado, la direcciones IP, y detalles de localización del objetivo.

History for Canarytoken:
skdar4qsvdx00fhnlfdpj9csi

Heads Up! Click the incident items for more info.

Incident Map

Incident List

Date: 2021 Jul 08 16:22:15.519787 (UTC) IP: ████████ Channel: HTTP

JSON File Format

CSV File Format

Brought to you by Thinkst Canary, our insanely easy-to-use honeypot solution that deploys in just four minutes. Know. When it matters.

Your Canarytoken was Triggered

Canarytoken triggered

ALERT

An HTTP Canarytoken has been triggered by the Source IP ████████

Basic Details:

Channel	HTTP
Time	2021-07-08 16:22:15 (UTC)
Canarytoken	skdar4qsvdx00fhnlfdpj9csi
Token Reminder	████
Token Type	████
Source IP	████
User Agent	Mozilla/4.0 (compatible; ms-office; MSOffice rmj)

Canarytoken Management Details:

Manage this Canarytoken here
More info on this token here

Se observa la información que ha llegado al correo electrónico facilitado, como en la zona de configuración en la web de canarytokens.org, que se ha obtenido en este caso la ubicación geográfica desde donde ha sido abierto el documento, la dirección IP, el navegador y por donde fue abierto (http), es decir ha sido descargado uy visto a través de *vista previa del navegador*.

Como analistas podemos descargarnos en formato *CSV* los *tokens* que hayamos enviado a los objetivos para integrarlos en nuestros informes después del análisis.

14

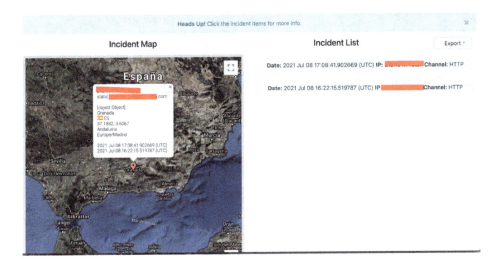

Con los datos de geoubicación se puede optar por buscar en *google maps* la zona donde posiblemente se encuentra el objetivo, la zona geográfica nos dará no sólo el lugar desde donde fue abierto, sino claves de los movimientos del objetivo, que conjuntamente con más herramientas se extrae las zonas de interés o lugares de reunión, de intercambio de información y cualquier dato relevante para el analista.

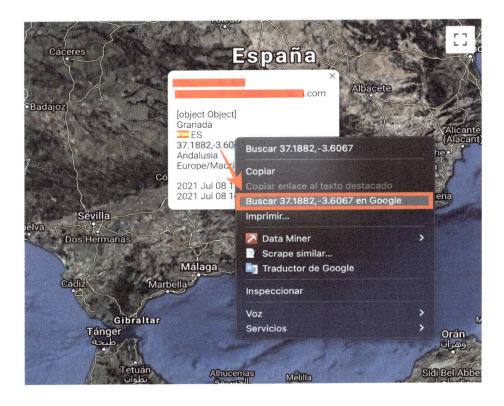

Se ha obtenido en este caso una ubicación realmente próxima, porque el objetivo no estaba usando una VPN, ni una conexión con enrutador TOR, además como se ha mencionado esta técnica si se acompaña o combina con otras herramientas como *Grabify (vista en capítulo 10) pueden dar mejores resultados.*

Capítulo 13: Facebook

Decir que no te preocupa la privacidad porque no tienes nada que ocultar, es como decir que no te preocupa la libertad de expresión porque no tienes nada que decir.

E. Snowden

La mayor red social por uso es la famosa y conocida Facebook, y con una extensión mayoritaria de habla hispana, por lo que se convierte en una red social imprescindible para nuestras investigaciones OSINT; pero realmente el analizar una cuenta de Facebook o perfil de una persona, ya sea alguien real, una cuenta trol, avatar, o títere, no se encuentran a simple vista en la superficie de un paseo por la red social, son datos privados en la mayoría de los casos.

Todos estos datos por minar, servirán para identificar gustos, afiliaciones, amigos, preferencias sexuales, sentimiento político, sus datos de registros y grupos o páginas afines a los gustos del perfil del objetivo y la localización.

En cifras, y según datos de la fuente consultada, *websitehostingrating.com, "el 60,6% de internet usan Facebook, interactúan más de 4 millones de me gusta por cada minuto, y más de 35 millones de personas cada día actualizan sus estados, todo esto se une a un promedio de 60 minutos al día en Facebook por cada usuario con 89% accediendo mediante dispositivos móviles".*

Para el analista OSINT, estos datos que se encuentran en bruto, significan que las posibilidades de hallar inteligencia sobre un objetivo es mayor si usa esta red social, pero si además las alterna con otras como Instagram y Twitter, que son las segundas redes sociales más usadas, la probabilidad de localización, ubicación y obtención de metadatos, datos e información es superior a cualquier otro medio; lógicamente se debe tener en cuenta factores como la posible edad del objetivo, ya que hay franjas de edad que no siempre comparten informaciones actualizadas, debido a la poca interacción con el terminal móvil para redes sociales por ejemplo; en este sentido, el terminal móvil, es un fuente donde poder recabar metadatos de algunos perfiles, si bien como se sabe, las redes sociales en la actualidad usan un algoritmo de compresión de datos para privatizar los metadatos intrínsecos en una imagen, un post o cualquier elemento que sea subido o plasmado a la red. Existen formas de poder obtener esos datos sin vulnerar las normas de privacidad del usuario con la red social Facebook.

¿Introduce Facebook en las fotos metadatos de rastreo? La respuesta es afirmativa, y cómo en el 2019 pudo verse en diferentes medios técnicos, de investigación y de análisis forense, Facebook ha estado usando el estándar IPTC[4] para su administración de información en imágenes. Edin Jusupovic mostró en su prueba el 11 de julio de 2019 cómo las fotos una vez subidas a Facebook se le asigna los metadatos del estándar IPTC; y aunque se conoce que desde el 2014 Facebook renombraban las imágenes con una secuencia de números y letras que representaban al usuario y al álbum similar al IPTC, existe de forma inequívoca la introducción del estándar comentado para gestionar todos los datos de uso de dichas imágenes, cómo la relación entre usuarios y cualquier información que implique la foto y su recorrido.

Hay analistas OSINT que usan técnicas para extraer los mayores datos posibles de un objetivo en Facebook, con ayuda de tácticas ingeniosas, como la *explotación del marketing digital de afiliación de Facebook,* que, aunque no es gratis, el coste con respecto a la recopilación de datos está más que justificado, puesto que se sabe que

---

[4] Metadatos fotográficos para administrar información, autor y descripción de un a imagen. iptc.org/standards/photo-metadata/.

Facebook trata y mima mucho a sus afiliados empresariales; pero este manual se centrará en obtener la información sin acudir a servicios de terceros y/o de pagos, se estudiará el funcionamiento de la red social desde los esquemas generales del OSINT de Michael Bazell [5] y la propia experiencia recopilada de años de servicio en diferentes lugares y cometidos.

Pero... ¿son realmente los datos de Facebook tan fiables? ¿como para realizar un informe basado sólo en la información obtenida?

Teniendo en cuenta que la mayoría de la gente usa las redes sociales, sobre todo Facebook, para representar estados de ánimo, felicidad y una vida de novela a los amigos confirmados en la propia red social, no podemos confiar en esos datos para un análisis general de sentimiento, o para saber rasgos concretos de relaciones de parejas, o simplemente poder hacer una composición general de vínculos entre personas cercanas al objetivo. Como ya se ha realizado en investigaciones de macrodatos en Google, las búsquedas que realizan los usuarios diseminando por zonas geográficas, por municipios, por fechas y por estatus social, *se puede decir en líneas generales que la gente miente constantemente sobre sí mismas*[6] y sobre su vida en la red social, pero estos extremos pueden saberse gracias al estudio del Big data con Google Trends[7]; esta plataforma es útil para conocer palabras claves más buscadas por ubicación, y compararla luego con los *topics*[8] de Facebook; un ejemplo de su uso son conocer en las estaciones de invierno, cuantas personas han sido contagiadas por la gripe según zonas geográficas, por la proporción de búsqueda en internet de palabras claves cómo: síntomas, complementos y medicamentos.

Ahora bien, teniendo en consideración estos elementos, el estudio y análisis OSINT debe visualizar estos hechos y problemática de una manera alternativa conociendo los detalles de la estructura de la red social, que no siempre es conocida por los usuarios ni tan siquiera por algunos analistas o investigadores, y aunque como ya se ha mencionado, en la mayoría de las peticiones que se nos realizará como investigadores/analistas OSINT se basarán en ubicaciones e identificación de actores detrás de cuentas falsas, usurpadas o

---

[5] Experto internacional en OSINT, ex miembro del FBI. Formador y ha publicado manuales de referencia mundialmente conocida.

[6] Todo el mundo miente. Escrito por Seth Stephens-Davidowitz. Buen análisis de Big Data y estadísticas de datos para comprobar lo que la gente busca por zonas.

[7] https://trends.google

[8] Temas populares, candentes o en alza

bien Sock Puppet, o el uso general de obtención de información. debemos conocer los detalles técnicos para los análisis extensos de datos e información en un conjunto global de investigaciones que se solicite, como puede ser un informe de análisis de sentimiento político hacía un determinado candidato, partido o mítines que el objetivo y/o su partido estén conferenciando.

Después de esto... ¿Qué esconde Facebook que nos favorece como analistas?
Facebook al ser una red social gigantesca, no sólo en número de empleados por todo el mundo realizando diferentes tareas, sino en términos de gestión de información, datos, macrodatos, big data y pequeñas piezas de información que el propio usuario va dejando sin ser consciente, pero que ya el gigante de Facebook conoce y observa, y que es conocido como efecto panóptico.

Inevitablemente, aún trabajando los mejores expertos de todo el mundo y los integrantes del edificio MPK21[9] de Silicon Valley, ha habido ciertas brechas aprovechables y explotables, de filtración de información que quedan expuestas, y obviamente tampoco se encuentran a la vista de cualquier internauta, pero si para personas con conocimientos básicos y/o mínimos de dorking, de GHDB[10] y de OSINT. Aunque como cualquier investigador conoce, en el 2019 se tenía acceso a diferentes formas de obtener información de cuentas de Facebook a través de *búsquedas de grafos,* y cómo hemos mencionado anteriormente realizando búsquedas con dorking, Facebook produjo una serie de cambios, y aunque es cierto que hubo expertos que a los dos meses encontraron una solución al bloqueo de estás búsquedas, duró muy poco la alegría para los analistas. Se investigó sobre técnicas con herramientas de *nuevo grafo,* que, si bien parecen muy complejas a primera vista, una vez leído un poco sobre JSON, Base64 y codificación de URL, se puede perfectamente realizar búsquedas específicas, bien de forma manual o con herramientas, y aunque cada investigador prefiera una u otra técnica, siempre conviene conocer cómo funcionan estas herramientas.

Así lo principal para un analista OSINT, es saber cómo y donde extraer y obtener esos datos que servirán para realizar informes sobre usuarios, información específica de una materia, o bien la identificación de autores o presuntos actores de un hecho determinado,

---

[9] Edificio creado por el arquitecto Frank Gehry en 2018 integrando concepto de espacios de trabajo al nuevo edificio, que es una extensión o adición al existente del 2015.
[10] GHDB, son las siglas de Google Hacking Data Base.

o la obtención de inteligencia de los vínculos de los usuarios con el mundo real; para todo esto se comenzará con el primer paso más importante, hallar el número de identificación de Facebook,

ID FROM:	CLASSIC DESIGN	NEW DESIGN
Profile	entity_id	userID
Page	entity_id	pageID
Location	entity_id	Things-to-do-in (first number after this line)
Event	ID is displayed in the URL	eventID
Group	entity_id	groupID

En la imagen de arriba, obtenida de la web de *osintcurio,* se tiene los diferentes ID, con respecto a la identificación que estamos buscando, si es de persona, grupo o bien página; en el caso de este ejemplo, se ha usado el perfil del *ex presidente de la República del Ecuador, Rafael Correa, conocido entre muchas otras cosas por diversos escándalos.*

Pero... *¿Cómo se extrae el Identificador (ID Facebook)?*

Lo primero que se realizará, es abrir la página del perfil de Facebook de interés para la investigación en el navegador web seleccionado, se hace *clic* con el botón derecho donde no haya contenido, *esto es importante, porque sino nos abrirá código en pieza de imagen, texto, etc...* elegimos "Ver código fuente de la página.

Pulsando *Ctrl + F*, escribimos en la barra de buscador de palabra el "ID de usuario" (*entity_id*), el número de identificación de usuario está justo detrás de "userID =" o "entity_id" , que es el número que necesita copiar.

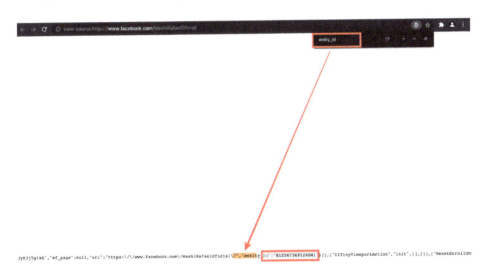

Si directamente tecleamos en cualquier motor de búsqueda, la numeración obtenida del usuario, nos sorprendería los posts a los que se tiene acceso directo con este simple método, e incluso a determinados contenidos vinculados a ese número de usuario.

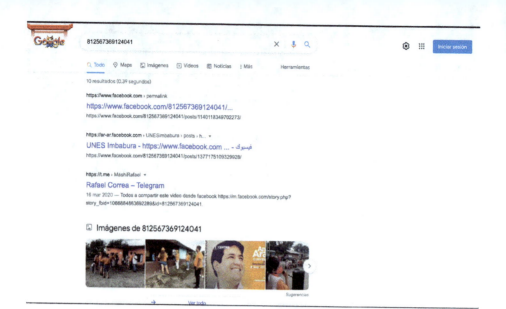

Aunque nos centraremos en la base de codificación de URL, Base64 y JSON, convenía sencillamente mencionarlo, porque habrá momentos en que una ID de usuario directamente a un buscador e incluso de metadatos con FOCA, puede dar resultados sorprendentes para la investigación.

Comencemos directamente por la base de la codificación de URL, una de mis favoritas como investigador y analista OSINT; *es cierto que allá por el 2013 al 2015 fue la época dorada de las búsquedas de Facebook, donde después de estar casi todo el 2011 investigando las codificaciones de las URL, y su comportamiento en Facebook, se podía obtener grandes cantidades de datos de usuarios, con cuentas privadas o no,* pero el panorama después de los acontecimientos de Cambridge Analytica[11], cambió bastante y hubo cambios de manera sustanciales en la forma en que esos datos se obtenían, aunque tampoco fue un gran esfuerzo descubrir las siguientes fórmulas, analizando los códigos fuentes y con ayuda de Wireshark, el analizador de datos visto en capítulos anteriores, se halló la base de construcción de la URL.

Por lo tanto, para cualquier búsqueda se comenzará por la base de la URL siguiente:
>*facebook.com/search/top/?q=people&epa=FILTERS&fiters=*

---

[11] Compañía privada de minería de datos y análisis de los mismos, que luego pasó a la función de comunicación estratégica política, usando tácticas y técnicas de métodos de dudosa procedencia, como la infracción en la privacidad de los usuarios, sobre todo de Facebook.

Esta URL necesita ajustarse con los parámetros en función de la búsqueda de información que se pretenda realizar, así cómo las categorías en donde se quieren hacer esas búsquedas (*imagen de la web osintcurio 2019*).

top/	Search top content
posts/	Search public posts
people/	Search for people
photos/	Search for photos
videos/	Search for videos
pages/	Search for pages
places/	Search for places

Con esos *query (q)*, podemos cambiar de "people" (personas), por lo que queramos buscar; y si hay más de una palabra que se quiera buscar, introducimos un espacio, que en codificación URL, es %20, o bien se escribe un + entre palabras, por ejemplo, (Libro+gordo+petete). Recordad que la query(q) no puede ni debe estar en blanco.

Una vez que se tenga controlado el cambio de categoría y de query a buscar, se debe conocer las búsquedas de grafos de Facebook, que para los analistas no familiarizados con este método, se define como una búsqueda basada en lenguaje natural y no en enlaces; su función permite hallar datos relacionales(vectores) con usuarios, sus preferencias, lugares, amistades, gustos y un sinfín de información, si bien Facebook en el 2019 se puso algo mas restrictivo con estas búsquedas, el analista o investigador que no pueda acceder a la información desde el navegador sin estar registrado en Facebook, puede registrar una cuenta, como se ha explicado en este manual, solo para las investigaciones.

En cualquier caso, es imprescindible conocer **Base64** y **JSON,** al menos los métodos más básicos, puesto que son los formatos de trabajo con grafos, y obviamente, para poder realizar búsquedas de información más precisas y necesarias para las investigaciones OSINT; pero… *¿Qué es Base64?* Son datos e informaciones que enviadas a través de internet necesitan que de alguna forma sea legible al intercambio o tráfico web.
Base64 usa los caracteres (AZ, az,0-9 y + y, /). Un ejemplo de cadena codificada en Base64 sería la siguiente:

RXN0ZSBlcyB1biBtYW51YWwgT1NJTIQgcGFyYSBpbnZlc3RpZ2Fkb3JlcywgZm9ybWFkb3JlcyB5l
GFuYWxpc3Rhcy4=

Como se puede observar la codificación es de la A, a-Z, z, 0-9, y al final un signo de =,
que suele estar siempre en la codificación Base64. Si decodificamos el mensaje para la
transmisión de datos vía web (Base64), tendríamos el siguiente mensaje en texto plano:

"Este es un manual OSINT para investigadores, formadores y analistas." (sin las
comillas). Podría usarse para la codificación/decodificación cualquier herramienta online
gratuita (https://gchq.github.io/CyberChef/), o bien la terminal de comandos en Linux,
OSX, y Windows; con tan sólo abrir el terminal y teclear lo siguiente:

>**base64 –help**

```
                        )S3P ~ % base64 --help
Usage:  base64 [-hvDd] [-b num] [-i in_file] [-o out_file]
  -h, --help      display this message
  -Dd, --decode   decodes input
  -b, --break     break encoded string into num character lines
  -i, --input     input file (default: "-" for stdin)
  -o, --output    output file (default: "-" for stdout)
```

Nos centraremos en la online por ser una de las herramientas más usadas para estos fines,
y que cuenta además con gran aceptación debido a sus diversas funcionalidades con más
formatos; es intuitiva y descargable para trabajos offline.

Si queremos pasar a Base64 la frase, se pondrá de la siguiente forma, que aparece en la
siguiente imagen:

Si se quisiera decodificar un Base64 sería señalando la pestaña de *"from Base64";* son pasos sencillos y necesarios saber realizarlos de manera eficiente para lograr en nuestras investigaciones llegar a más y mejor información.

¿Y que es JSON? Significa JavaScript Object Notation en inglés, es decir, notación de objeto de JavaScript, pero para entenderlo, se comenzará sabiendo que es un formato muy usado en la actualidad, además de ser muy eficiente para procesar o analizarse de forma sencilla. Estos datos pueden verse en cualquier código fuente de páginas webs, y en cualquier información que intercambian las aplicaciones móviles.

Ahora que se conoce como codificar y decodificar datos con estos formatos, daremos uso para realizar investigaciones OSINT en Facebook. Así si como analistas se necesitaría buscar datos sobre temas específicos, se puede construir la URL de la siguiente forma:

>**facebook.com/search/posts/?q=tema   a   buscar&epa   =
FILTROS&FILTROS**

Search, para la búsqueda, *posts* para hallar las publicaciones, y *q* = que es la clave de la consulta que se va a realizar.

Teniendo construida la URL de búsqueda del tema necesario, tendremos que codificar la cadena JSON a Base 64 como se ha visto anteriormente.

Para continuar con nuestras investigaciones, supondremos que queremos ver las publicaciones referidas a un nombre de una persona concreta que se esté investigando o bien analizando, y ver en una zona geográfica determinada, usaremos el siguiente comando en JSON:

{"city": "{\" name \ ": \" users_location \ ", \" args \ ": \" ID Página ciudad\ "}"}

Si se desea agregar datos como el empleador, o la empresa o donde pensamos que puede estar trabajando el investigado/a, se filtraría aún más las búsquedas y la obtención de información:

{"employer": "{\" name \ ": \" users_employer \ ", \" args \ ": \" ID ciudad dada por google\ "}"}

Pero debemos unir los dos argumentos de la siguiente forma, se quita unos } { y se introduce una coma en el punto de unión de las funciones, quedando definitivamente el JSON así:

{"city": "{\" name\ ": \" users_location\ ", \" args \ ": \" ID Página ciudad\ "}", "employer": "{\" name \ ": \" users_employer \ ", \" args \ ": \" ID ciudad dada por google\ "}"

Estos son alguno de los más importantes para traducir a URI o URL; no obstante, puede consultarse la parte de desarrollo de Facebook[12], donde el analista puede obtener herramientas, api y diferentes posibilidades que facilitan mucho la búsqueda de información y no sólo a nivel de cantidad sino a calidad de la misma; como se ha mencionado con anterioridad, Facebook administra toda esa información con la idea de poder ofrecer a sus clientes (sobre todo pagos empresariales) la información, gestión y filtrado necesario para conocer más y mejor a los "consumidores", entendiéndose como tal, los usuarios no empresariales, pero que a través de sus "likes", sus preferencias, amigos, zona geográfica, y sentimientos mostrados, dirán a las empresas que es exactamente lo que deben mostrarles para que compren, tanto si lo necesitan como si no.

---

[12] developers.facebook.com/docs

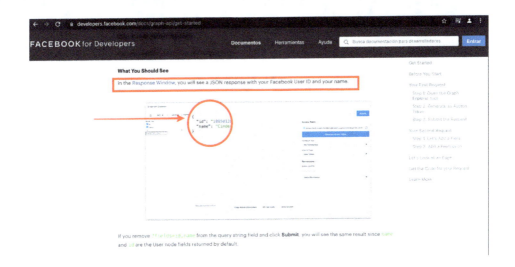

Facebook genera unos niveles de acceso a dicha información, para ello habría que darse de alta como *usuario desarrollador,* y desde luego, es aconsejable hacerlo, puesto que las investigaciones OSINT deben abarcar un número de posibilidades de obtención de información de la más precisa, y como los analistas saben, en Facebook existe muchos datos compartidos, lugares de desahogo de personas, y donde el individuo muestra sus lados mas ocultos, aquellos que quizás en su vida diaria, cotidiana y realista no podría realizarlas por los tópicos, la presión social e incluso por su tipo de trabajo, pero que para un investigador y analista anota piezas de información realmente buenas en su conjunto.

Pero mucho más que para un estudio de mercado, los investigadores y analistas OSINT acuden a este servicio para hallar información precisa de hechos concretos, estudiar movimientos de alguna índole (política, social, comportamientos de grupos) e incluso lo que se está hablando de un determinado tema, hallar datos en mensajes sobre una variable (V) concreta.

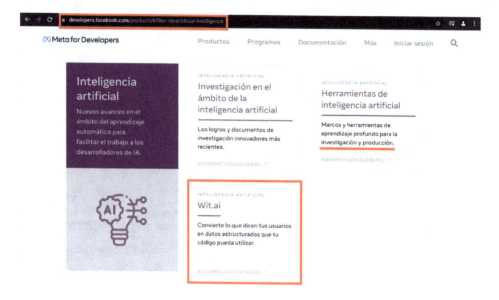

Existen multitud de opciones de obtención de información con Facebook con script, API disponibles, y programas *beta*. En este manual no se abordará la parte de desarrollo de técnicas, que impliquen realizar códigos, más allá de los vistos en capítulos anteriores, que son considerados como básicos y necesarios para poder implementar búsquedas de calidad.

Después de ver todo esto, y conocer Base64 y JSON, además de las construcciones de URL para búsquedas, es una buena táctica el usar la ingeniería social, con *Canary Tokens*, y la puesta en marcha de un *honeypot* adaptado; que sería como crear un dns, y con pixel de Facebook insertado para recopilar los datos de usuarios, pero que en el caso de la investigación de una persona concreta a la que se vaya a analizar, se enviaría mediante alguna canalización o foro, blog, o mensajes con enlace URL para que pinche y visite la web honeypot. Esta táctica por mi experiencia funciona muy bien, pero debe haber tiempo y paciencia para conseguir resultados óptimos, pero la información obtenida con este procedimiento es de mucha fiabilidad.

Los investigadores, operadores de seguridad y analistas OSINT podrán hacer uso de técnicas combinadas, como se ha explicado en este manual, existen multitud de opciones de combinaciones lógicas disponibles con varios métodos, y aunque la pericia, experiencia y conocer ciertos aspectos del target, para la obtención de información es un factor determinante, elegir un procedimiento u otro para los investigadores junior o bien cualquier persona que se esté iniciando en el mundo del OSINT, se deberá tener en cuenta que la paciencia, y el evaluar bien a un objetivo antes de comenzar a lanzar cualquier tipo de técnica, hará que la investigación o el análisis encargado llegue a dar como resultado un informe completo, claro, conciso y amparado por técnicas de obtención contrastadas.

Un problema de investigación no se resuelve con aparatos; se resuelve en la cabeza de un hombre.

Charles F. Kettering

Instagram es una red social propiedad de Meta[13] en la actualidad. Fue creada por Kevin Systrom y Mike Krieger quienes la lanzaron en octubre de 2010 con gran acogida entre los más jóvenes y famosos, que veían la facilidad de compartir con una imagen y pocas palabras sus vidas diarias y glamurosas y llegar a miles de personas de todo el mundo.

Como cualquier red social hay cuentas privadas y cuentas públicas, todo dependerá del grado del usuario de la cuenta con respecto a su forma de vida social, es decir, un personaje político, empresarial, de cine, periodistas, escritores y todos aquellos que necesiten conectar con más gente, o compartir sus obras con cualquier público tendrán más accesible la información a compartir; pero como ya se ha ido viendo a lo largo de este manual, todo es vulnerable y susceptible de ser hallado en tanto en cuanto se expongan los datos en internet (indexación), y se suba contenido e información a una tercera parte (Meta); privados o pública, los datos están disponible aunque no por ello fácilmente accesibles.

Con Instagram se debe conocer que tiene límites (*rate limit*) a la hora de realizar un scraping[14] , este detalle es importante tenerlo en cuenta como analistas e investigadores porque no interesa que la dirección IP sea bloqueada y/o grabada en ningún sitio donde se haya estado extrayendo información, y aunque ya el investigador sabrá que debe realizarlo con una VPN y una cuenta exclusiva para la investigación, queda recordar estas actuaciones.

En este capítulo profundizaremos en algunas herramientas escritas en Python, que ayudará al investigador a obtener información de usuarios de Instagram, más allá de un simple googleo…

---

[13] Es la plataforma actual comercial que representaba anteriormente Facebook Inc, Mark Zuckerberg creó Meta para realizar un conglomerado empresarial con las distintas redes sociales que ha ido adquiriendo. Entre ellas está WhatsApp, Facebook e Instagram.

[14] Conocido en español como "raspado web", que consiste básicamente en extraer información de un sitio web con herramientas automatizadas, pero simulando ser un humano.

<<Permítame el lector que haga una breve pausa, para compartir una anécdota que me ocurrió en uno de mis trabajos en Londres; omitiré algunos detalles del sujeto en cuestión para no herir sensibilidades; En 2016 recibí a un supuesto experto en ciberseguridad, hacking ético, y un sinfín de "experto", todo inventado, pero que de alguna forma la empresa que le contrató le creyó, y me tocó recibirle; mi sorpresa fue cuando ya en persona me dijo que era experto en OSINT, aunque en primera frase que dijo, ya supe que no tenía ni la más mínima idea de OSINT, este individuo pensó que OSINT era echar unas horitas de música y googleo en la comodidad de un ordenador Gaming...Pero el bochorno llegó al verle buscando en YouTube cómo hacer un Pentest[15]>>.

Estas líneas vienen al hilo de que cualquier recurso está bien consultarlo, pero antes que nada hay que aprender la forma básica de OSINT, y no es googlear, para realizar consultas en los motores de búsquedas, un buen investigador deber tener la palabra clave, dato, pieza de código o cualquier metadato a buscar, sin poder extraer estas piezas el informe que realicemos podría incluso carecer de valor como inteligencia, porque como ya se ha mencionado a lo largo del manual, debe registrarse las fuentes, y los pasos de técnicas que hayan dado origen a una información, por la sencilla razón de que no se levante dudas de que haya podido ser manipulada la información.

¿Cómo comenzamos una investigación con Instagram? Pues prácticamente como en Facebook, es decir, obteniendo el número de identificación de usuario (User_ID), el número ID se puede obtener de dos formas diferentes, bien online con algún recurso como: *commentpicker.com/instagram-user-id.php,* o *ver código fuente;* si optamos por el código fuente, buscaremos la opción (*"owner" :)* sin los paréntesis.

Siguiendo con los ejemplos anteriores, usaremos la cuenta del ex presidente de Ecuador Rafael Correa Delgado para visualizar el ID de usuario a través del código fuente de la cuenta de Instagram. Se podría poner en el buscador de código (CRTL+F, si es OSX), "owner": y nos lleva directamente al número ID.

---

[15] Se le denomina al test de intrusión o test de penetración a un sistema. Generalmente los Penteste suelen ser de caja negra, gris o blanca, que respectivamente sería, sin datos alguno del objetivo, con datos como dominio, etc, y con todos los datos posibles.

Teniendo el objetivo del análisis definido, y el número ID extraído, se va a explorar cada cuenta que tenga publicada en redes sociales, internet, web y cualquier otro medio público social. Para ello se hará uso de la herramienta de OSINT de código libre escrita en Python, llamada *Sherlock*[16]; esta herramienta viene por defecto en TL-OSINT. Si preferimos de otra forma es sencilla la instalación.

Esta herramienta muestra los accesos directos con los enlaces URL a cada una de las cuentas de usuario halladas del objetivo, simplificando mucho la labor manual.

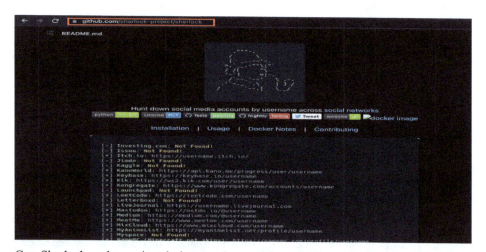

Con Sherlock podemos instalarlo con el comando >*git clone,* o para los analistas que tengan cuenta en Gmail (*cuenta de investigador o la que usen para ciertas funcionalidades como analistas OSINT*), pueden directamente clicar en la opción de abrir una *Cloud Shell; <<es la opción elegida en el manual, ya que la otra forma ya se ha explicado>>,*

---

[16] https://github.com/sherlock-project/sherlock

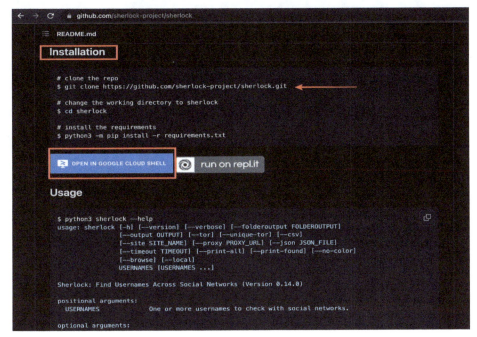

Se abrirá un terminal Cloud Shell que autorizaremos en Gmail para github; este proceso es prácticamente automático, tan solo aceptar los términos y listo. Se tendrá la consola a nuestra disposición sin máquinas virtuales, todo en la nube, tiene sus ventajas y es muy cómoda para ejecutar Script, pero recordad siempre grabar datos, o bien capturas de pantallas, y si es para informe final o de objetivo prioritario, extraer el hash o código ID del usuario.

Instalamos en la consola los requerimientos de Python3 tal cómo explica en github, o como puede verse en la imagen anterior.

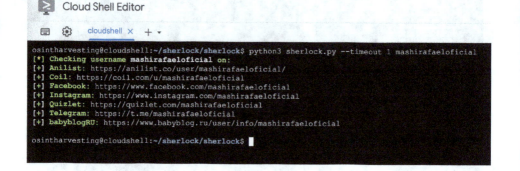

```
osintharvesting@cloudshell:~/sherlock/sherlock$ python3 sherlock.py --timeout 1 mashirafaeloficial
[*] Checking username mashirafaeloficial on:
[+] Anilist: https://anilist.co/user/mashirafaeloficial/
[+] Coil: https://coil.com/u/mashirafaeloficial
[+] Facebook: https://www.facebook.com/mashirafaeloficial
[+] Instagram: https://www.instagram.com/mashirafaeloficial
[+] Quizlet: https://quizlet.com/mashirafaeloficial
[+] Telegram: https://t.me/mashirafaeloficial
[+] babyblogRU: https://www.babyblog.ru/user/info/mashirafaeloficial

osintharvesting@cloudshell:~/sherlock/sherlock$ █
```

Se puede observar como el script Sherlock extrae todos los accesos a redes sociales; cualquier concatenación con otras redes, y web del usuario objeto de la investigación.

Para investigar objetivos con cuentas de Instagram, se ejecutará los diferentes scripts escritos en Python, además de algunas técnicas manuales ya descritas anteriormente.

Lo primero es crear una cuenta de Instagram para investigaciones (sencilla, sin datos, rápida y una por cada objetivo), <<*recordad que las cuentas que se crean para estos fines deben ser sólo para ese fin, y no mezclar mismas cuentas con diferentes objetivos, puesto que luego podrían quedar rastros indexados y hacer una investigación inversa y hallar coincidencias que pongan al analista en una situación de atribución, es decir, que alguien pueda saber los objetivos que se ha estado investigando y como consecuencia saber que trabajo realizamos e incluso para quién*>>.

El siguiente paso es muy sencillo, se necesitará la identificación de sesión del usuario de la cuenta de Instagram que se ha abierto, para extraer este dato, se realizan las siguientes operaciones:

Clicar con el ratón en el botón derecho sobre la web de Instagram, y seleccionar, *inspeccionar;* se abrirá una consola en el lado inferior de la página (aunque depende de la configuración podría estar a la derecha), en cualquier caso, buscamos: *almacenamiento, cookies.* Y se observan los campos con respecto a la sesión abierta. Se copia el campo alfanumérico *sessionid.*

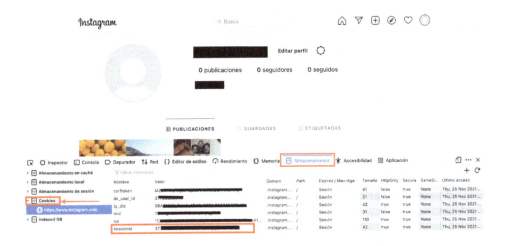

En la consola de comando, en el caso del ejemplo, se ha continuado con la consola de *Cloud Shell de Google,* pero podría instalarse en las máquinas virtuales que a tales efectos se han instalado en capítulos de este manual, como Kali Linux o TL-OSINT:

```
osintharvesting@cloudshell:~/toutatis (horizontal-box-333210)$ toutatis -u mashirafaeloficial -s 3
---
Informations about    : mashirafaeloficial
Full Name             : Rafael Correa - Comunidad | userID : 6912587608
Verified              : False | Is buisness Account : True
Is private Account    : False
Follower              : 169379 Following : 59
Number of posts       : 439
Number of tag in posts : 0
External url          : https://tiktok.com/@MashiRafaelComunidad
IGTV posts            : 71
Biography             : Comunidad de apoyo al expresidente de la República del Ecuador, Rafael Correa Delgado.
Public Email          : mashirafael.rc@gmail.com
The lookup did not work on this account

Profile Picture       : https://scontent-cdg2-1.cdninstagram.com/v/t51.2885-19/174251703_2818731658377688_1046098025984338025
n.jpg?_nc_ht=scontent-cdg2-1.cdninstagram.com&_nc_cat=104&_nc_ohc=XzmgWb89eAoAX-1WS5R&edm=AEF8tYYBAAAA&ccb=7-4&oh=b4d9b861c6a5a
ef2daf658eb3ce03cc3&oe=61A58A32&_nc_sid=a9513d
osintharvesting@cloudshell:~/toutatis (horizontal-box-333210)$
```

```
┌──(kali㉿kali)-[~/toutatis]
└─$ toutatis -u mashirafaeloficial -s
Informations about    : mashirafaeloficial
Full Name             : Rafael Correa - Comunidad | userID : 6912587608
Verified              : False | Is buisness Account : True
Is private Account    : False
Follower              : 169379 | Following : 59
Number of posts       : 439
Number of tag in posts : 0
External url          : https://tiktok.com/@MashiRafaelComunidad
IGTV posts            : 71
Biography             : Comunidad de apoyo al expresidente de la República d
el Ecuador, Rafael Correa Delgado.
Public Email          : mashirafael.rc@gmail.com
The lookup did not work on this account

Profile Picture       : https://scontent-cdg2-1.cdninstagram.com/v/t51.2885-
19/174251703_2818731658377688_1046098025984338025_n.jpg?_nc_ht=scontent-cdg2-
1.cdninstagram.com&_nc_cat=104&_nc_ohc=XzmgWb89eAoAX_zTB4-&edm=AEF8tYYBAAAA&c
cb=7-4&oh=86c3c97ba6e92d1c4469140a63f8e36a&oe=61A58A32&_nc_sid=a9513d
```

El script nos facilita la foto de perfil, tanto si es una cuenta pública como privada. Esta herramienta es muy útil para ver correo electrónico, y los links externos a esa cuenta, además extrae el *user_id* de otra forma.

Para continuar con las investigaciones en Instagram, en perfiles tantos públicos como privados, existe un módulo en Python llamado *Instaloader* que puede ejecutarse directamente teniendo instalados el Python3 (en Kali Linux por defecto), y que es una herramienta bastante potente a la hora de descargar contenido para las investigaciones y/o análisis. Tiene la capacidad de geoposicionar cada uno de los posts subidos, descargar comentarios, y ubicaciones compartidas.

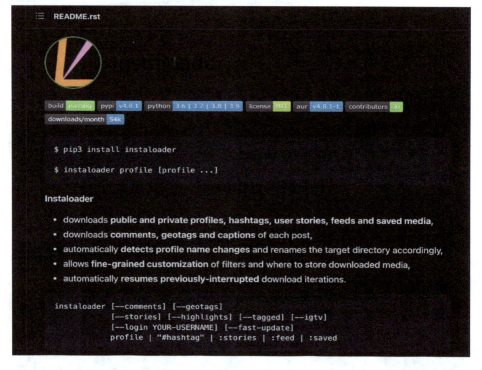

Instaloader[17] es sencillo de instalar, tan sólo se necesita introducir los siguientes comandos en la consola elegida, en este caso, se realizará con la máquina virtual Kali Linux.

>**git clone https://github.com/instaloader/instaloader**

>**pip3 install instaloader**

>**python3 instaloader.py** usuario_objetivo

---

[17]Se puede realizar un git clone en la consola de comando: github.com/instaloader/instaloader

```
┌──(kali㉿kali)-[~/instaloader]
└─$ pip3 install instaloader
Collecting instaloader
  Downloading instaloader-4.8.1.tar.gz (54 kB)
     |████████████████████████████████| 54 kB 5.4 MB/s
Requirement already satisfied: requests>=2.4 in /usr/lib/python3/dist-package
s (from instaloader) (2.25.1)
Building wheels for collected packages: instaloader
  Building wheel for instaloader (setup.py) ... done
  Created wheel for instaloader: filename=instaloader-4.8.1-py3-none-any.whl
size=58703 sha256=08d2bd57ed91bdd24a6ccb3f7ecde5a9616a29cfb7c9ebaac5f82731fc5
7577a
  Stored in directory: /home/kali/.cache/pip/wheels/e3/b9/13/1374a0705b772d8b
288b70d8be533ce4993e0a113c8df909ff
Successfully built instaloader
Installing collected packages: instaloader
  WARNING: The script instaloader is installed in '/home/kali/.local/bin' whi
ch is not on PATH.
  Consider adding this directory to PATH or, if you prefer to suppress this w
arning, use --no-warn-script-location.
Successfully installed instaloader-4.8.1
```

```
┌──(kali㉿kali)-[~/instaloader]
└─$ python3 instaloader.py  mashirafaeloficial
Hint: Use --login to download higher-quality versions of pictures.
[1/1] Downloading profile mashirafaeloficial
mashirafaeloficial/2021-04-19_06-02-00_UTC_profile_pic.jpg already exists
Retrieving posts from profile mashirafaeloficial.
Resuming from mashirafaeloficial/iterator_dc-cf-IQ.json.xz.
[ 5/439] mashirafaeloficial/2021-05-11_17-06-05_UTC.jpg [#GraciasSomosRC] mashirafalofici
al/2021-05-11_17-06-05_UTC.mp4 json
[ 6/439] mashirafaeloficial/2021-05-09_19-28-18_UTC.jpg [Feliz dia a todas las madres …] j
son
[ 7/439] mashirafaeloficial/2021-05-08_15-30-13_UTC.jpg [☺❤] json
[ 8/439] mashirafaeloficial/2021-04-30_17-46-52_UTC.jpg [● ● ● Mensaje a las y los ecuat…] mashiraf
aeloficial/2021-04-30_17-46-52_UTC.mp4 json
[ 9/439] mashirafaeloficial/2021-04-27_02-00-17_UTC.jpg [Se fue otro queridisimo amigo…] json
[ 10/439] mashirafaeloficial/2021-04-17_15-47-18_UTC.jpg [Hoy solo tengo palabras de gr…] mashirafael
oficial/2021-04-17_15-47-18_UTC.mp4 json
[ 11/439] mashirafaeloficial/2021-04-15_02-38-41_UTC.jpg [Somos de largo la mayor fuerz…] mashirafael
oficial/2021-04-15_02-38-41_UTC.mp4 json
[ 12/439] mashirafaeloficial/2021-04-14_17-45-31_UTC.jpg [Solo si yo hubiera estado en …] json
```

Ejecutado el comando de descarga, se obtienen los posts recientes con sus correspondientes imágenes, esta información podríamos guardarla en un archivo *csv* o bien en una hoja de Excel.

Normalmente en una investigación se usan más de una técnica y varias herramientas, e ir analizando los datos e informaciones para levantar más opciones de búsquedas de inteligencia sobre el objetivo.

Otra de las herramientas que cabe destacar para realizar OSINT en Instagram, es OSINTGRAM[18], una herramienta escrita también en Python y con una capacidad de obtención y ordenación de la información muy clara, además mediante órdenes de comando se puede acceder a información muy útil del objetivo. Esta herramienta tiene las opciones de instalarla en Kali Linux, Docker (capítulo 9), e incluso la Cloud Shell de Google.

---

[18] https://github.com/Datalux/Osintgram

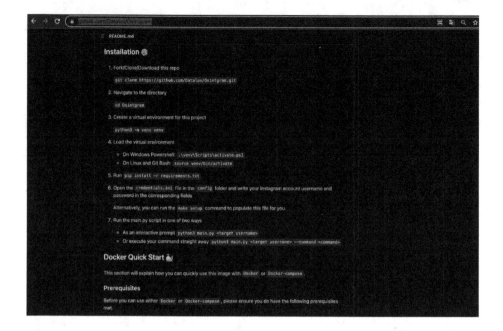

Para instalar OSINTGRAM, en Kali Linux, clonamos el repositorio de Github, como se ha explicado anteriormente con *git clone,* en el caso de este ejemplo se ha instalado dentro de una carpeta denominada *tools.*

Cuando se ha clonado el repositorio; con el comando *pip (pip3)* instalamos los requerimientos de la herramienta, de esta forma, aseguramos que cualquier necesidad para que el script se ejecute adecuadamente estará solventada.

>pip3 install -r requeriments.txt

```
┌──(kali㉿kali)-[~/tools/Osintgram]
└─$ ls
config                  Dockerfile          main.py     README.md
doc                     docker_reqs.txt     Makefile    requirements.txt
docker-compose.yml      LICENSE             output      src

┌──(kali㉿kali)-[~/tools/Osintgram]
└─$ cd config

┌──(kali㉿kali)-[~/tools/Osintgram/config]
└─$ ls
credentials.ini   settings.json

┌──(kali㉿kali)-[~/tools/Osintgram/config]
└─$ cp settings.json settings.json.old  ←

┌──(kali㉿kali)-[~/tools/Osintgram/config]
└─$ ls
credentials.ini   settings.json   settings.json.old
```

El siguiente paso sería configurar la herramienta para poder realizar el scraping del objetivo y extraer toda la información que necesitemos. Es necesario tener una cuenta en Instagram para esta investigación, ya que en configuración se deberá introducir el usuario y contraseña para que el script pueda loguearse en Instagram.

```
☐                        kali@kali: ~/tools/Osintgram/config        _ ☐ ✕

 File  Actions  Edit  View  Help

┌──(kali㉿kali)-[~/tools/Osintgram/config]
└─$ ls
credentials.ini   settings.json   settings.json.old

┌──(kali㉿kali)-[~/tools/Osintgram/config]
└─$ gedit settings.json  ←
```

Normalmente se recomienda copiar el archivo original de *settings,* por si hubiese luego algún problema con la configuración original. Para realizar la copia en la consola de comandos se tipeará la siguiente orden:

>cp settings.json settings.json.old

Se ha elegido (old) como antigua, pero el investigador o analista podría usar cualquier otra. El archivo original *settings.json,* deberá ser borrado todo lo que esté entre los ({}), dejando los corchetes vacío, como se observa en la imagen siguiente; se puede borrar el contenido o editarlo de diferentes formas, con *Vim* o con *gedit,* los dos son editores, *Vim* es directo en la consola, y *gedit* es en el editor de texto básico. En el ejemplo del manual se ha usado *gedit.*

>**gedit settings.json**

Se realiza posteriormente el grabado los datos relativos al archivo de configuración, credenciales, de la misma forma que anteriormente con *gedit*.

>**gedit credentials.ini**

Se abre una ventana con los datos del archivo *credentials.ini,* donde el analista deberá introducir la información relativa a la cuenta de Instagram que se va a usar para la investigación.

En *username,* definido en la imagen como número 1, se introduce el dato de la cuenta de Instagram de usuario (*usuario_intagram@mail.xyz)*. En el campo de password, tecleamos y grabados la contraseña de la cuenta que se ha elegido como nuestra para realizar investigaciones, de forma que quedaría de la siguiente forma:

2 username = usuario_instagram@mail.xyz

3 password = Contraseñadelacuenta2022

Se guarda las credenciales, y se continua con la consola de comando. Para poder comenzar a usarla se introduce el siguiente comando:

>**python3 main.py usuario_objetivo**

En el ejemplo de la imagen se ha buscado los datos de Alex Saab[19], por ser un personaje político y público. Se introduce >*list.*

---

[19] Miembro de confianza del presidente de Venezuela Nicolás Maduro. Empresario de origen colombiano. Actualmente señalado como presunto testaferro de Nicolás Maduro.

```
┌──(kali㉿kali)-[~/tools/Osintgram]
└─$ ls
config                 Dockerfile       main.py     README.md
doc                    docker_reqs.txt  Makefile    requirements.txt
docker-compose.yml     LICENSE          output      src

┌──(kali㉿kali)-[~/tools/Osintgram]
└─$ cd config

┌──(kali㉿kali)-[~/tools/Osintgram/config]
└─$ ls
credentials.ini  settings.json

┌──(kali㉿kali)-[~/tools/Osintgram/config]
└─$ cp settings.json settings.json.old    ⟵

┌──(kali㉿kali)-[~/tools/Osintgram/config]
└─$ ls
credentials.ini  settings.json  settings.json.old
```

El siguiente paso sería configurar la herramienta para poder realizar el scraping del objetivo y extraer toda la información que necesitemos. Es necesario tener una cuenta en Instagram para esta investigación, ya que en configuración se deberá introducir el usuario y contraseña para que el script pueda loguearse en Instagram.

```
kali@kali: ~/tools/Osintgram/config                          _ □ ✕

File  Actions  Edit  View  Help

┌──(kali㉿kali)-[~/tools/Osintgram/config]
└─$ ls
credentials.ini  settings.json  settings.json.old

┌──(kali㉿kali)-[~/tools/Osintgram/config]
└─$ gedit settings.json    ⟵
```

Normalmente se recomienda copiar el archivo original de *settings,* por si hubiese luego algún problema con la configuración original. Para realizar la copia en la consola de comandos se tipeará la siguiente orden:

>**cp settings.json settings.json.old**

Se ha elegido (old) como antigua, pero el investigador o analista podría usar cualquier otra. El archivo original *settings.json,* deberá ser borrado todo lo que esté entre los ({}), dejando los corchetes vacío, como se observa en la imagen siguiente; se puede borrar el contenido o editarlo de diferentes formas, con *Vim* o con *gedit,* los dos son editores, *Vim* es directo en la consola, y *gedit* es en el editor de texto básico. En el ejemplo del manual se ha usado *gedit.*

>gedit settings.json

Se realiza posteriormente el grabado los datos relativos al archivo de configuración, credenciales, de la misma forma que anteriormente con *gedit.*

>gedit credentials.ini

Se abre una ventana con los datos del archivo *credentials.ini,* donde el analista deberá introducir la información relativa a la cuenta de Instagram que se va a usar para la investigación.

En *username,* definido en la imagen como número 1, se introduce el dato de la cuenta de Instagram de usuario (*usuario_intagram@mail.xyz)*. En el campo de password, tecleamos y grabados la contraseña de la cuenta que se ha elegido como nuestra para realizar investigaciones, de forma que quedaría de la siguiente forma:

2 username = usuario_instagram@mail.xyz

3 password = Contraseñadelacuenta2022

Se guarda las credenciales, y se continua con la consola de comando. Para poder comenzar a usarla se introduce el siguiente comando:

>python3 main.py usuario_objetivo

En el ejemplo de la imagen se ha buscado los datos de Alex Saab[19], por ser un personaje político y público. Se introduce >*list.*

---

[19] Miembro de confianza del presidente de Venezuela Nicolás Maduro. Empresario de origen colombiano. Actualmente señalado como presunto testaferro de Nicolás Maduro.

```
                         kali@kali: ~/tools/Osintgram                    _ □ x
 File  Actions  Edit  View  Help
└─$ python3 main.py alex_saab

Attempt to login ...

Logged as ▇▇▇▇▇▇▇▇▇▇. Target: alex_saab [30470813] [NOT FOLLOWING]



Version 1.1 - Developed by Giuseppe Criscione

Type 'list' to show all allowed commands
Type 'FILE=y' to save results to files like '<target username>_<command>.txt (default is disabled)'
Type 'FILE=n' to disable saving to files'
Type 'JSON=y' to export results to a JSON files like '<target username>_<command>.json (default is disabled)
Type 'JSON=n' to disable exporting to files'
Run a command: list
```

Como el comando *list* se puede obtener el listado completo de todas las órdenes disponibles para extraer información de una cuenta de Instagram. Esta herramienta no hace demasiado ruido como scraping, pero hay que tener en cuenta que conviene hacer una investigación de uno a tres objetivos máximos por cuenta con la misma dirección IP.

```
                         kali@kali: ~/tools/Osintgram                    _ □ x
 File  Actions  Edit  View  Help
file'
JSON=y/n        Enable/disable export in a '<target username>_<command>.json'
 file'
addrs           Get all registered addressed by target photos
cache           Clear cache of the tool
captions        Get target's photos captions
commentdata     Get a list of all the comments on the target's posts
comments        Get total comments of target's posts
followers       Get target followers
followings      Get users followed by target
fwersemail      Get email of target followers
fwingsemail     Get email of users followed by target
fwersnumber     Get phone number of target followers
fwingsnumber    Get phone number of users followed by target
hashtags        Get hashtags used by target
info            Get target info
likes           Get total likes of target's posts
mediatype       Get target's posts type (photo or video)
photodes        Get description of target's photos
photos          Download target's photos in output folder
propic          Download target's profile picture
stories         Download target's stories
tagged          Get list of users tagged by target
target          Set new target
wcommented      Get a list of user who commented target's photos
wtagged         Get a list of user who tagged target

info
```

Con el comando *info,* se obtiene los datos básicos relativos a la cuenta de usuario del objetivo y el enlace directo de la foto de perfil; si el usuario objetivo tuviese habilitado número de teléfono y correo electrónico también aparecería esos datos.

```
Run a command: target
Insert new target username: alexsaab_news

Logged as ██████████████. Target: alexsaab_news [48036551913] [NOT FOLLOWING]

Run a command: info
[ID] 48036551913
[FULL NAME] Alex Saab
[BIOGRAPHY] Embajador Plenipotenciario de Venezuela ante la Unión Africana . "No estoy detenido, estoy secue
strado". Alex Saab △Más INFO
[FOLLOWED] 205
[FOLLOW] 5
[BUSINESS ACCOUNT] False
[VERIFIED ACCOUNT] False
[HD PROFILE PIC] https://scontent-cdt1-1.cdninstagram.com/v/t51.2885-19/202258598_537661643912866_8854300650
424022039_n.jpg?_nc_ht=scontent-cdt1-1.cdninstagram.com&_nc_cat=110&_nc_ohc=q39c3AQ1×6MAX-cMouE&edm=AIRHW0AB
AAAA&ccb=7-4&oh=4e316405a1a669d3ed4d75cdc44db894&oe=61A88354&_nc_sid=e3b034
Run a command: tagged
Searching for users tagged by target ...
```

Se podrá ver de forma ordenada los seguidores con el comando *followers,* de cada uno de los seguidores se obtiene número de ID, el usuario y el nombre completo con el que se dio de alta a la cuenta de Instagram.

```
Run a command: followers    ←
Searching for target followers ...
Catched 200 followers
```

ID	Username	Full Name
2967166851	denissojo	Denis Sojo
6510747103	coravithz	Erika Coravith
3254652039	yuslevy006	Yuslevy
4001676590	rodolfo_villasana	Rodolfo Jose Villasana Lopez
46264191639	idaniajose39	Idania Jose Maturin
48323829246	briceno.mariaa	María a briceño
47309462404	juniornava31stafftrainer	Licenciado Junior Nava Delgado
30140779177	eduardo_280373	eduardo davila
8441658388	marielbysfernandez3	marielbys fernandez
45151930868	eddymoreno492	Eddy Moreno
14315467307	_carlosl.alvarado_	Carlos L Alvarado
4118725295	vittermiranda	Vitter Miranda
36812821870	mariposasalsol1	Venezuela, Patria querida
47652865942	comando.activo	🪖Comando
9751523335	vanessateresapina	Vanessa T. Piña
1680454502	fjms1972	Francisco Machado
48306130671	torrealba1894	José Torrealba
420798199	cluisa11	Carmen Luisa Egáñez González
48041750720	mari.ama8383	Suleimane Dabo
31787832771	kattya1321	Katty Arrieche
48874345821	williechirino	Willie Chirinos
8941925098	erika_deortiz	Erika Quintero Lopez
3657677169	astridtuas	ASTRID LIBERTAD TUAS
317187784	mimemena57	Irma

Con esta información se podría saber si la cuenta es una cuenta falsa, o si con seguidores bots, pretenden aumentarse las cifras del usuario. El analista podría incluso ver los usuarios que han sido etiquetado en algún periodo de tiempo por el objetivo; dato interesante en los análisis de perfiles de usuarios, cuentas falsas de amenazas e investigaciones de sentimiento en la red.

```
Run a command: target
Insert new target username: alexsaab_news

Logged as ███████████████. Target: alexsaab_news [48036551913] [NOT FOLLOWING]

Run a command: info
[ID] 48036551913
[FULL NAME] Alex Saab
[BIOGRAPHY] Embajador Plenipotenciario de Venezuela ante la Unión Africana . "No estoy detenido, estoy secue
strado". Alex Saab △Más INFO⬇
[FOLLOWED] 205
[FOLLOW] 5
[BUSINESS ACCOUNT] False
[VERIFIED ACCOUNT] False
[HD PROFILE PIC] https://scontent-cdt1-1.cdninstagram.com/v/t51.2885-19/202258598_537661643912866_8854300650
424022039_n.jpg?_nc_ht=scontent-cdt1-1.cdninstagram.com&_nc_cat=110&_nc_ohc=q39c3AQ1×6MAX-cMouE6edm=AIRHW0AB
AAAA&ccb=7-4&oh=4e316405a1a669d3ed4d75cdc44db894&oe=61A88354&_nc_sid=e3b034
Run a command: tagged
Searching for users tagged by target ...
```

El comando *tagged,* sirve para obtener los etiquetados por la cuenta objetivo, así cómo los números de post en donde se encuentran. Esta información suele ser muy útil para comprobar con que usuarios guarda más relación o vínculo.

```
                                    kali@kali:~/tools/Osintgram                              _ ◻ ✕
  File  Actions  Edit  View  Help
Run a command: tagged
Searching for users tagged by target ...

Woohoo! We found 56 (292) users
```

Posts	Full Name	Username	ID
87	Diego Salazar	diegosalazzare	143658984
1	Beatriz Iracheta	beatriziracheta	321770726
39	Paola Saab Aspra	paosaab	330780110
20	MoRa De Los Monteros	mora_02	36515652
7	Fatima Torre	fatimatorre	43306422
6	Hector Salazar	heksalazar	50053991
1	Bodas Destino en México	noe_ariza	208241842
17	Sal Cha Saab	chavo_saab	398410547
17	Covadonga Aspra	covishi21	792313789
1	Eva Corces	evisacorcesm	2078056735
1	JUKEBOX	jukebox.djs	3194401288
1	Valeria Uriostegui	valeria.uriostegui	7107147527
1	ARTURO DÍAZ WEDDINGS	arturodiaz.weddings	31049538
16	Alfonso Mejia	alfonsomejiaa	8375729
1	Enrique Valdiviezo	enriquevaldiviezo	4601917
2	pau zavala	pauzavala	10066017
7	annie⬧	annie_ec	20012579
2	Alejandra Jimenez	ajiml	21615454
1	Sergio Velasco	sergiovelascor	35043415
1	Monica PRes	monicapres	198586061
2	Coco Arenas	cocoarenas	246384943
1	Jorge Antonio Arriaga	jarriaga85	459815163
1	Ch Andujo	checoar	15941756
11	Carlos M Batiz	cmbatiz	10676467
4	Carlos Avila	cavila86	20814768

Siempre hay dos personas en cada imagen, el fotógrafo y el espectador

Ansel Adams

Es la segunda aplicación más descargada en 2019; desarrollada por la compañía China Byte Dance, como medio social para compartir vídeos. La compañía fue fundada en 2012 en Beijing por Zhang Yiming. En la actualidad la usan cerca de 980 millones de personas en todo el mundo. Como su uso y funcionalidad de vídeos cortos y editables es muy sencilla, en los EEUU ha sido usada para campañas políticas, por aquello de la facilidad de decir mucho en poco tiempo, y por supuesto, la sencillez de poder compartirse por cualquier otra red social de mensajería; todo esto ha hecho de TikTok de las favoritas de los jóvenes; y desde 2019 también de políticos, que han visto como han incrementado su manera de llegar a miles de adolescentes, participando en su forma de expresarse, pero no en todos los países es igual, por ejemplo en Argentina que no es una plataforma tan usada como en Perú, Colombia, o Ecuador.

Este último, Ecuador[20], se observó que la aplicación TikTok dio buenos rendimientos a los candidatos presidenciales de las pasadas elecciones generales; Guillermo Lasso (actual presidente de la República del Ecuador) y Andrés Arauz, ambos contaban sus propuestas a través de vídeos "tiktokeros"; *y aunque no se entrará en el análisis de las elecciones, por no ser el cometido de éste manual, si puedo afirmar que bajo mi experiencia como asesor en campañas, ambos candidatos podrían haberlo hecho mucho mejor, y con mejores resultados.*

Todo esto de TikTok hacen vaticinar la cantidad de información que se puede recopilar en esta aplicación para las investigaciones, ya sean sobre perfiles, enlaces entre usuarios o simplemente saber quien hace qué y en donde; y por qué no…el cuando; pero como cada aplicación tiene su forma de interactuar con los usuarios, y cada una de ella es distintas a otras en la forma de recopilar información, se podría decir que se puede obtener datos de forma interna (con la instalación de la aplicación) instalando una máquina virtual o emulador de Android para descargar TikTok; que es la forma más sencilla para poder obtener datos como seguidores, likes, y estadísticas más concretas del usuario a investigar, o bien, como ya se ha explicado en este manual con otras redes sociales, se

---

[20] Analítica427.com

podría investigar con tan sólo el navegador, sin necesidad de cuentas, ni búsquedas internas. Para ver un perfil directo en el navegador se introduce: **tiktok.com/@nombredeusuario** y ver el perfil directamente, no es el objetivo exacto de la mayoría de las investigaciones, puesto que como analistas OSINT e investigadores se requerirá de comparación de datos, localizaciones, eventos, horas, y lugares de última subida de información y contrastarla con otras cuentas del mismo usuario.

¿Pero...realmente saben esos usuarios cuanta información están compartiendo?

Esto está derivando en una sobre exposición de los datos que se publican en red, y que es un fenómeno conocido como *oversharing*[21], que cada día se ve incrementado entre los más jóvenes; *"según información del departamento de ciberseguridad de Kaspersky Lab, más de un 61% de los jóvenes de entre 16 y 24 años comparten información personal por la red"*.

Lo primero que el investigador deberá conocer será los comandos de búsquedas o dorking, algo necesario y visto con anterioridad en este manual. En TikTok comenzaremos de la siguiente forma:

>**site:tiktok.com "nombre apellidos" OR "nickname" "tiktok.com"**

Si se quisiera buscar, por ejemplo, por un nombre y apellidos, o un nombre de usuario que el analista piense que pueda tener en tiktok, y de ser real ver sus publicaciones, se procedería de la siguiente forma (ejemplo: presidente actual de Francia):

>**site:tiktok.com "emmanuel macron" OR "emmanuel macron" "tiktok.com"**

---

[21] Riesgo de que esa sobre exposición pueda ser usada con fines malintencionados, de ataques, estafas, e incluso para suplantar identidad. Los datos quedan expuestos y en la edad adulta en posibles entrevistas de trabajo sean usado esos datos para marcar un perfil del candidato. Algo que pocos reconocerán hacer pero que cada día que pasa se realiza más.

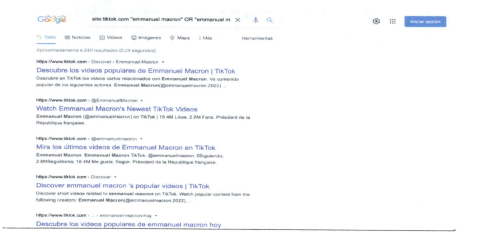

Para realizar búsquedas por hashtag a través del navegador con los dorking, se usará el siguiente comando:

> **www.tiktok.com/tag/elhashtag**

De esta forma se podrá obtener directamente la información con respecto a los hashtags que se necesite averiguar, es decir, si interesa obtener cuentas de usuarios que estén comentado variables concretas que sea de interés para la investigación; en este caso, el ejemplo elegido ha sido Nicolás Maduro:

> **www.tiktok.com/tag/nicolasmaduro**

Se podría además obtener más información sobre esos hashtags con el comando ya visto anteriormente *intext,* que servirá de igual forma para extraer datos de palabras que incluso no estén como hashtag, por lo que es una opción a tener en cuenta en los análisis; incluso si se quiere filtrar las búsquedas en tiempo y sitio, haremos uso de la opción del buscador *herramientas.*

>site:tiktok.com intext:"nicolas maduro"

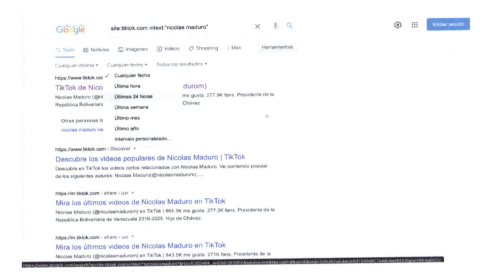

La misma operación se aconseja realizarlo en diferentes buscadores, por aquello de lo mencionado sobre las indexaciones de información, que no siempre son las mismas en los motores de búsquedas.

>site:tiktok.com -site:tiktok.com/@emmanuelmacron intext:»@emmanuelmacron».

Además, con este comando se realiza búsquedas omitiendo la cuenta del perfil que se ha señalado, pero todo donde se mencione al usuario investigado.

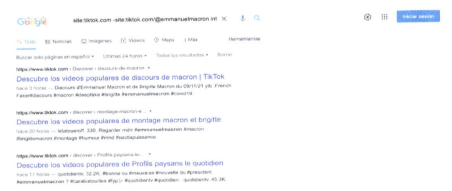

Por otro lado, la ventaja de investigar a usuarios que tengan cuentas de TikTok, es que al menos el 80% no enmascaran su identidad como otras redes sociales, ya que hay una competición real por conseguir seguidores, visitas y hacerse virales, por lo que prefieren que se les reconozcan.

Pero para obtener la imagen de perfil en tamaño real, y luego proceder a la búsqueda de la imagen con el buscador reverso de los diferentes motores de búsquedas se podría obtener los enlaces a diferentes cuentas de redes sociales. Para ello vamos a la cuenta que se quiere investigar, se hace click derecho sobre la imagen del perfil, y se selecciona *inspeccionar,* y se obtiene una dirección de enlace del tipo: **https://p16.muscdn**, o **p77**.

En la cuenta seleccionada para el ejemplo, hacemos uso de un usuario *Anonymous y* verificada la cuenta, aunque privada; con el enlace obtenido realizamos una búsqueda en google para comprobar que existe indexada la imagen usada en la cuenta de TikTok, con el fin de poder llegar a identificar al usuario detrás de la cuenta.

Recuerde el investigador y/o analista OSINT que, a partir de ciertos datos obtenidos en TikTok se podría hacer uso también de scripts vistos en otros capítulos de redes sociales, como por ejemplo Sherlock.

Realizando la búsqueda por imágenes en google, se obtiene diferentes URL:

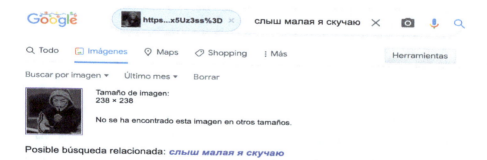

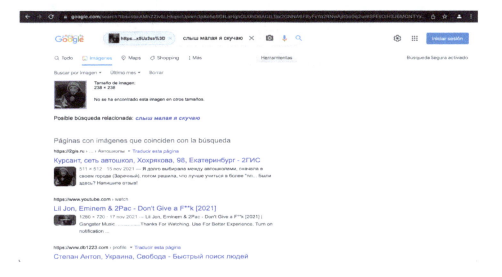

En una de las URL halladas apunta a una web de bases de datos, y la foto del usuario de TikTok coincide con un usuario en otra página por lo que es posible que sea el mismo usuario.

La información hallada es un varón de 25 años, de Ucrania, soltero y nacido el 14 de julio de 1996, además de un correo electrónico y una cuenta de Youtube que se omite en este manual por ser irrelevante en la explicación, y no siendo el cometido de este manual exponer datos de usuarios, pero con este procedimiento el investigador puede dar rienda suelta a sus análisis OSINT.

La biografía de Stepan

Stepan Antol vive en la ciudad de Svoboda, Ucrania. Ciudad de origen - SvoBod. Actualmente Stepan tiene 25 años y no está casado. La siguiente información se obtuvo de fuentes abiertas: información sobre educación secundaria.

País:	Ucrania
Ciudad:	libertad
Lugar de nacimiento:	libertad
La edad:	25 años
Fecha de cumpleaños:	14 de julio de 1996
Signo del zodiaco:	Cáncer
Estado familiar:	no casado, no casado

Lugar de residencia

Una vez llegados a este punto, de localización del posible usuario detrás de una cuenta, el investigador podría continuar con la obtención de información sin necesidad de usar una cuenta de TikTok con ayuda de aplicaciones de terceros, como vidnice.com[22]; una plataforma en la que se puede descargar vídeos de TikTok incluso sin marcas de agua; además se puede extraer datos estadísticos de las cuentas a investigar, interactuaciones, y diferentes piezas de información para su análisis posterior.

---

[22] Vidnice.com. Una plataforma de terceros que proporciona de forma ordenada información útil para las investigaciones.

Pero una de las piezas más importantes de TikTok sin duda son los vídeos, puesto que es su función principal como red social, y la que debe explotarse de la forma más provechosa posible como investigadores, puesto que además de las pruebas gráficas en sí, en cada vídeo existen las interacciones sociales que interesan como analistas, como los: *comentarios*, *me gusta*, y usuarios que comparten el los mismos comentarios más detalles.

Existen diferentes métodos para poder descargar vídeos de TikTok, e incluso obtener la URL por métodos ya explicados, como dentro del código fuente, y no usar herramientas ni plataformas de terceros, <<*Debemos saber que las herramientas online que hoy se están usando, quizás mañana ya no estén disponibles*>>, por lo que es de suma importancia que como analistas OSINT contemos siempre con los conocimientos y técnicas como dorking, búsquedas en códigos fuentes, e incluso nuestros propios script o piezas de códigos que podemos implementar añadiendo funciones que nos interesen, como se ha visto con anterioridad como por ejemplo con *Git*.

Para mostrar la sencillez del paso de herramientas de terceros, se hace uso de la plataforma anterior (vidnice); lo primero es copiar enlace de video.

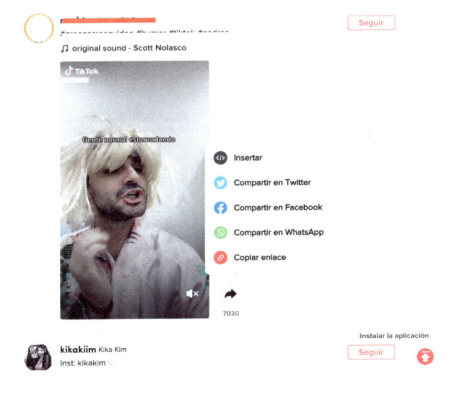

Luego se pega la dirección URL del vídeo de TikTok en la opción de descarga de vídeo, y de inmediato se abrirá una ventana con el vídeo y la opción de descarga a nuestro ordenador de trabajo del vídeo e incluso sin marca de agua (como se indica en la herramienta):

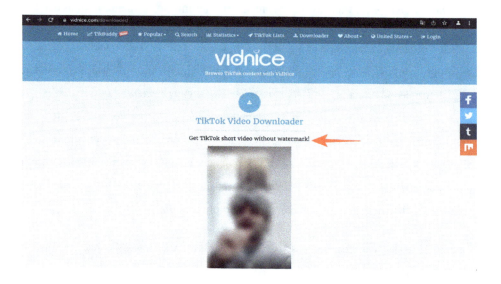

Con la prueba gráfica (vídeo), el analista puede continuar investigando datos del vídeo, por *frames* (fotogramas), o con los *hashes* por si pudiera llegar a ser eliminado por el usuario posteriormente y sirva la prueba gráfica para identificar, atribuir o bien confirmar lo ya investigado o analizado.

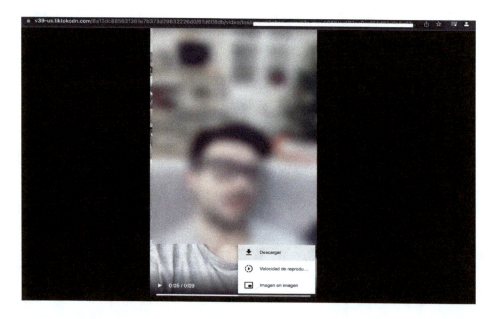

Si no se cuenta o no se quiere contar con herramientas externas o de terceros, se puede hacer uso de las técnicas de código o de inspección de elemento; para la realización de esta técnica: "*click derecho*" sobre el elemento (vídeo), pinchamos en *inspeccionar elemento o inspeccionar,* y se busca "video" .

Se copia la dirección completa URL, y se introduce en el buscador de nuestro navegador, y se obtendrá el vídeo de TikTok directamente para su descarga:

Botón derecho del ratón, y seleccionamos *descargar vídeo.*

La diferencia de cada uso de técnica debe evaluarla el analista con respecto al tipo de investigación en curso.

Unos de los datos más importantes que se deben analizar son los textos que acompañen al vídeo, así como los hashtags de los vídeos; estas pequeñas piezas de información proveen al investigador detalles del tipo: personas participantes en el vídeo, lugares, ubicación y conocidos del usuario. Profundizar en los hashtags y su búsqueda directamente en los navegadores pueden ayudar bastante a filtrar las búsquedas de determinados perfiles y datos.

>**site:tiktok.com/tag elhashtag_que_desee**

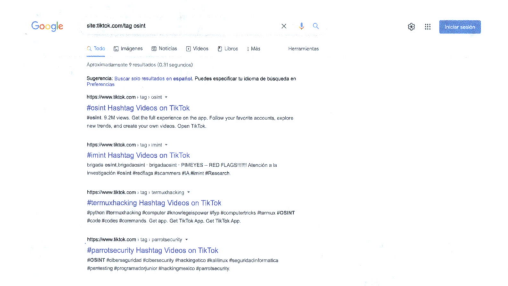

En el ejemplo se usa el operador: *site:tiktok.com/tag osint,* se puede observar como aparecen todos los hashtag relacionados con OSINT; pero si además se necesitará poder buscar por las palabras claves que como se saben algunos usuarios usan para identificar sus vídeos o simplemente resumir con una frase simple de que trata ese vídeo en cuestión, se puede realizar la búsqueda con el operador ya visto en dorking *intext*.

>**site:tiktok.com intext: "lo que_desee buscar"**

Recordad, que igual que se ha explicado para otras redes sociales, el uso de operadores y comandos dorking en TikTok con el navegador puede realizarse búsquedas con filtros de tiempo y personalizar la salida de resultados por determinados factores.

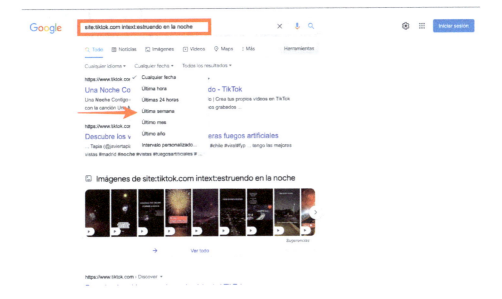

Como puede observarse, el uso de técnicas combinadas ya vistas en otros capítulos en diferentes redes sociales, puede ser aplicable para otras formas de obtención de información en otros medios sociales; pero siempre teniendo presente que un analista debe ser por sí mismo un buscador nato de nuevas formas y métodos; estudiando e instruyéndose día a día en cómo obtener datos en las diferentes fuentes abiertas, que cada vez son más accesibles en el abismo del internet.

En el momento que algo sale de tu ordenador, deja de ser privado…a veces deja de serlo

sin salir…

Alfredo Vela

Es una de las redes sociales que de momento su contenido como fuente OSINT es bastante baja, pero considero a pesar de esto, que es importante conocer sus aspectos básicos, para poder obtener información de esta red, aunque sea para completar con otras informaciones de otras redes sociales.

Lo interesante de SnapChat es que sus *Snap* suele estar online como máximo 72 horas, y trabaja con *historias* en formato vídeo, normalmente en mp4; pero lo realmente interesante es el factor tiempo del contenido (información), que, si bien no facilita fecha exacta u hora, si se sabrá que máximo tendrán 72 horas, o lo que es lo mismo, se podrá observar la leyenda *"hace tres días",* o el tiempo que ha sido publicado. Además, se podrá visualizar contenido subido por los usuarios ordenados y delimitados en zonas geográficas, lo que significa que para el analista puede ser de utilidad esta opción cuando se esté indagando sobre diferentes perfiles y se tenga constancia de que dispone de una cuenta en SnapChat, o si por el contrario, no se conoce el nombre o *nickname* del usuario, pero sí la zona o país de posible subida de contenido.

Para poder realizar estas investigaciones, y evitando el uso de cuentas de SnapChat, se podrá visitar:

>**map.snapchat.com**

Se podrá observar un mapa del mundo con diferentes zonas donde están siendo subidas las historias de los usuarios, dependiendo del color de cada zona indicará que hay más o menos contenido, es decir, cuanto más oscuro se observe un país es que hay mayor contenido subido.

"Recordad que, debido al tiempo de vida de los vídeos, es necesario que se descarguen aquellos que luego se puedan necesitar, ya que a las 72 horas no estarán disponibles".

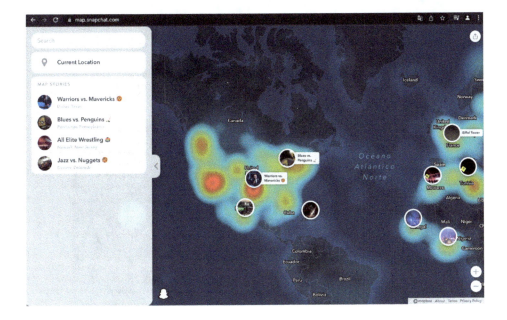

Ampliando el mapa en algunas zonas se pueden observar donde hay mayor número de usuarios subiendo contenido, como se puede observar en el mapa siguiente:

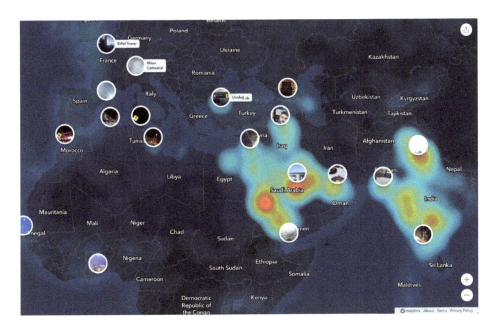

Pero si estuviésemos buscando o investigando algún dato o simplemente buscando información sobre determinadas zonas, podemos usar el mapa, por ejemplo, si buscamos en la República de Irak.

Con el video obtenido, podemos observar que el ejército iraquí está celebrando el día de su 101 aniversario, y existen multitud de vídeos o Snap subidos con esos temas; y que el investigador o analista con estos datos puede llegar a saber la fecha exacta, geoubicar movimientos y obtener información de objetivos.

Si completamos todo esto con una búsqueda de noticias en Irak se podría llegar a obtener datos de sentimientos políticos en fecha actual en día de celebración de aniversario u otros tipos de informaciones.

Teniendo localizado el vídeo y/o imagen Snap subida y en la zona que se ha designado para las búsquedas, se procede a descargarla o guardarla para la investigación y análisis posterior. Para ello en la dirección de mapas de SnapChat (map.snapchat.com), buscamos el vídeo o imagen, y abrimos el *inspector de elementos*, o *"inspeccionar"*.

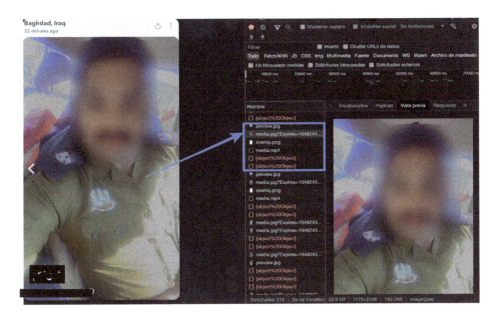

Buscamos la imagen o vídeo, se puede observar que hay diferentes opciones, la que interesa es la dirección del enlace de *media.jpg* o *media.mp4,* y pinchamos con el ratón el botón derecho y damos a la opción de *abrir en nueva pestaña;* y guardar imagen o vídeo.

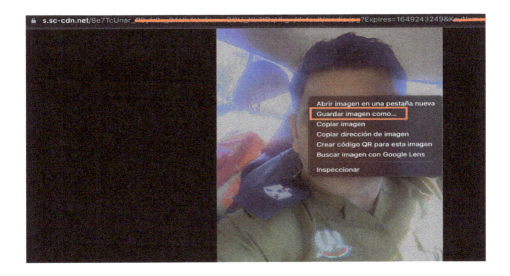

Con esta opción el analista debe saber que obtenemos una versión original de la imagen o vídeo, es decir, sin marcas de agua, y sin los datos del usuario que haya podido incorporar a la imagen o vídeo; Si además se necesita ver el formato original cargado en la red, tanto vídeo o imagen, se puede cambiar *media.jpg* o *media.mp4* por *embedded.mp4,* de esta forma:

Como se ha mencionado el realizar este tipo de búsqueda de información desde el exterior, no facilita al usuario investigado ninguna noción de que alguien está pudiendo indagar en su perfil y perfiles, y aunque siempre tenemos la opción de fabricar o crear una cuenta para las investigaciones, siempre es mejor evitar que quede registros de ninguna cuenta, aunque sean *Sock Puppet.*

Para seguir investigando en SnapChat, las historias compartidas y publicadas, se pueden obtener recurriendo a:

>story.snapchat.com

Este método es bueno cuando se tiene el nombre de usuario que se quiere buscar, puesto que se puede filtrar directamente desde fuera de la aplicación con el operador de antes:

>story.snapchat.com/@nombre_usuario

La técnica que se debe usar es el anterior operador dorking, pero con *story* (historia), así se podrá descargar los vídeos e imágenes de las historias con el mismo procedimiento realizado en el mapa de SnapChat.

Para los investigadores y/o analistas que deseen adentrarse más en la aplicación, y poder hallar más datos, como quizás número de teléfono asociado a un usuario o contacto que se esté investigando se necesitará descargarse la aplicación, y para ello se podría usar los emuladores o máquinas virtuales tan sólo buscando en la agenda y sincronizando.

Los *snapcode,* que son códigos similares a los QR, pero que sólo pueden leerse con la aplicación SnapChat, pueden dirigir a los usuarios de los vídeos, a terceras páginas o demás información que el usuario haya podido grabar; no es aconsejable hacer uso de lector de los códigos y menos en una investigación, y si por algún motivo si necesitara realizar la operación se deberá hacer de acuerdo a las. Normas establecidas de seguridad ya explicadas (vpn, máquina virtual o sandbox, cortafuego y demás elementos).

Capítulo 17: YouTube

Lo que llamamos nuestra intimidad no es sino nuestro imaginario mundo, el mundo de

nuestras ideas

José Ortega y Gasset

YouTube es una plataforma creada en el 2005 con la idea de compartir videos, pequeños clips de películas, videos musicales y diversos programas de contenido audiovisual, desde principiantes hasta profesionales, El propietario es Alphabet Inc., y tiene una facturación media de 8.600 millones de dólares americanos; lo que hace una idea del nivel de uso de la plataforma, pero para un analista en Ciberinteligencia, es necesario conocer además de estos, otros datos, como por ejemplo, que el 99% de los usuarios de YouTube también usan otra red social, o que recibe visitas de 1.700 millones de personas al mes, lo que convierte a YouTube en un lugar donde obtener mucha información para las investigaciones y análisis OSINT.

Una de las herramientas que más interesa a cualquier analista, es la extracción de metadatos, pues son piezas de información importante para no sólo identificar usuarios, tiempos, zona horaria, nombre del video original, sino además para obtener importante elementos y parámetros sobre un determinado video en internet, su nombre de usuario o *nickname*, a veces éste último es pieza fundamental, pues la experiencia confirma que hay usuarios que usan el mismo nombre para diferentes redes sociales o blogs, foros e incluso redes de mensajería instantánea y que con una técnica adecuada puede hallarse la interacción del usuario en diversos sitios que puedan dar con su identificación real y la que está detrás de la cuenta o cuentas.

Una de las herramientas que más se ha usado estos últimos tiempos por su sencillez, rapidez y forma ordenada de exponer los metadatos es *"YouTube-Metadata"[23]*. Pero, antes de comenzar a ver las funcionalidades del script en Ruby[24], se enumera una serie de funcionalidades que un investigador OSINT podría obtener con este magnífico programa y son las siguientes: fecha y hora exactas de publicación de videos, geolocalización con enlaces directos a Google Maps, además de poder realizar búsquedas inversas de imágenes para las 5 primeras miniaturas del video, e incluso las etiquetas (tags) que están presentes en un vídeo, pero las funciones que son más importantes aún para el analista, son la identificación del vídeo, poder hallar un video que haya sido borrado de alguna web; *esta función se puede trazar a través de técnicas OSINT con (archive.org),* e incluso con los datos de identificación de usuario obtenidos realizar más búsquedas, para comprobar si los posibles videos que hayan podido ser borrados se podrían obtener de alguna otra fuente de internet gracias a los *spiders;* los thumbnail[25] también juegan un importante papel que de igual forma podrían tener tags identificativos.

17.1 Instalación y uso de YouTube-Metadata:

Se comenzará con github, en la dirección siguiente:

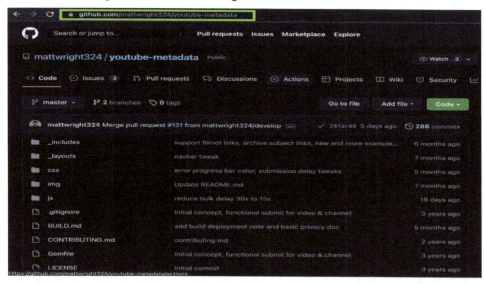

---

[23] https://github.com/mattwright324/youtube-metadata

[24] Lenguaje de programación simple, sencillo y productivo, de código abierto.

[25] Miniaturas y/o versiones reducidas de imágenes en vídeos que se emplean para ayudar a organizar y reconocerlo.

62

Se puede optar por la instalación en línea de comandos (git clone), *como ya se ha visto con anterioridad en el manual*, en una de las máquinas virtuales ya instaladas; bien en Kali Linux, o bien en TLOSINT, no obstante, en este caso se hará uso de la herramienta online, por su sencillez y facilidad, además de rapidez y gestión de recursos.

Para ello, en la dirección URL de github, se facilita la herramienta online:

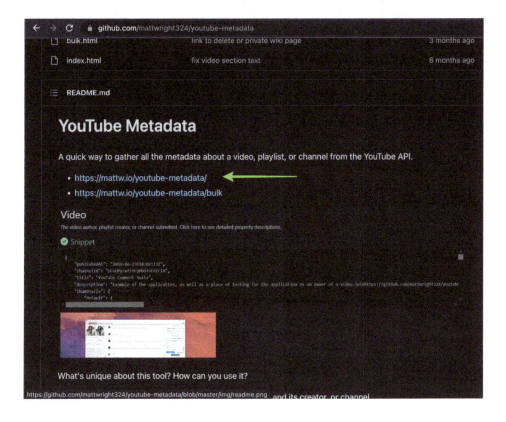

Una vez en la dirección https://mattw.io/youtube-metadata/ (adjunta en la imagen), introducimos la URL del video a estudiar, investigar o analizar como parte de una ciber investigación en curso. Como se puede observar en la siguiente imagen, es tan sencillo como copiar la dirección URL del vídeo que se quiera analizar y pegarlo en la web de la herramienta. Existen dos opciones de análisis, el modo *normal* (que es para analizar realmente un sólo vídeo), o *bulk*, que es por si se necesita investigar y extraer información de un canal de usuario entero, comparar fechas de subida y elaboración de cada vídeo.

En el caso del ejemplo del manual, se opta por la opción normal, de un vídeo de un personaje público y político (Ex vicepresidente segundo y ministro de Derechos Sociales y Agenda 2030).

Los metadatos que se extraen pueden guardarse en los formatos zip, o incluso permite la opción de volver a cargar metadatos de búsquedas anteriormente guardadas, mediante la función disponible de *"coger y soltar (Drag and drop)"*; pero si como investigadores existe una opción que sea de gran ayuda es la extracción de la numeración de identificación de canal y de usuario, pues estas numeraciones darán acceso posteriormente a la búsqueda de más información si cabe, y en cualquier caso, como ya se ha mencionado, grabar y capturar los "id" es algo imprescindible pues más tarde será lo que demuestre que efectivamente lo hallado coincide con el usuario, con el canal y/o con la red social donde se alojaba, acorde con los hash, que como ya el lector-analista sabe, es de vital importancia para las investigaciones; *recuerde el analista igualmente que la función de un especialista en análisis OSINT, es demostrar sin duda alguna y de manera técnica que los datos obtenidos son inalterables, ni editados ni de alguna forma que cree una duda razonable a la persona o personas (clientes, entidad gubernamental o privada) que reciben el informe de análisis.*

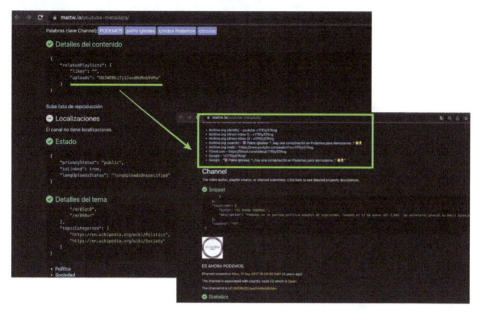

Con la identificación del canal, se pega en el buscador y se obtiene los vídeos directos del canal; esta numeración debe ser anotada por el analista y preservarla en la investigación para posteriormente grabarla en el informe de análisis.

Otras de las identificaciones necesarias son las del vídeo, la numeración interna de identificación e indexación, necesaria también anotarla en el informe de investigación

OSINT, pues de no hallarse de nuevo el video en la fuente original, por razones como: que quede obsoleto para el usuario, o porque ya no esté cumpliendo la función por la que se grabó y/o emitió o por el motivo que fuere, el analista OSINT debe poder demostrar que el vídeo si estuvo, si se emitió y si tiene acreditado una numeración interna de la fuente original (ver imagen adjunta), que dicho sea de paso, en este caso YouTube podría reservarse el derecho de guardar (y así lo hace) durante el tiempo establecido del contrato entre usuario-plataforma las informaciones relativas a logs, direcciones ip, visitas e interacción del usuario con la plataforma.

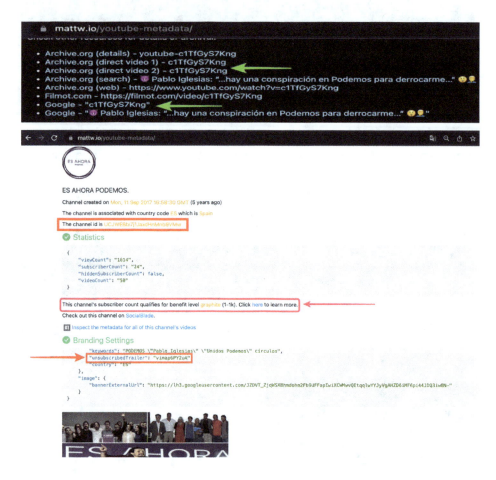

Pero… y en caso de eliminación del contenido… *¿el analista que ya tendría la numeración interna del contenido? ¿Qué probaría su indexación anterior?*

Estas cuestiones deben siempre acompañar al analista, y ser meticuloso a la hora de elaborar el informe de análisis. *Ahora tengamos en consideración el siguiente ejemplo;*

teniendo como variable un vídeo ya borrado, *y que el analista ha podido grabar con anterioridad los datos.*

Por lo tanto, el analista contaría entre otros datos de interés, con:

id del vídeo: c1TfGyS7Kng.

Con la identificación del canal: "UUJWEBbi7j1JaxdHnMnb9VMw"

Con el número de identificación del o los *trailers* realizados: "vimap6PY2uA"

mattw.io/youtube-metadata/

Configuración de marca
{
    "channel": {
        "title": "ES AHORA PODEMOS.",
        "description": "Podemos es un partido político español de izquierdas, fundado el 17 de enero del 2.014. Su secretario general es Pablo Iglesias
        "keywords": "PODEMOS \"Pablo Iglesias\" \"Unidos Podemos\" círculos",
        "unsubscribedTrailer": "vimap6PY2uA",
        "country": "ES"
    },

Otro dato de interés obtenido, sería la monetización del canal y vídeo, que como puede observarse esta activa:

Statistics
{
    "viewCount": "1614",
    "subscriberCount": "24",
    "hiddenSubscriberCount": false,
    "videoCount": "50"
}

This channel's subscriber count qualifies for benefit level graphite (1-1k). Click here to learn more.
Check out this channel on SocialBlade.
01 Inspect the metadata for all of this channel's videos

Este último elemento informa sobre que el canal objeto de análisis ha decidido monetizar en el programa de fidelización de YouTube y monetizar y/o premiar al canal por el número de visitas.

Se comenzará con el volcado del identificador o número de identificación del vídeo, directo contra los motores de búsquedas (Google, Bing, Opera, Safari, DuckDuckGo) aunque como sabéis la capacidad de búsqueda e indexación de Google está algo por encima del resto, aunque algunos se nutren de prácticamente lo mismo, pero aun así no se debería dar la exclusiva de búsquedas a un solo motor, al menos no en la realización de informes de análisis que tengan repercusión como prueba judicial o informe de un Investigador Privado para aportarlo como elemento probatorio ante un juicio, pues puede haberse ejecutado derechos de privacidad en uno y en otro no considerarse.

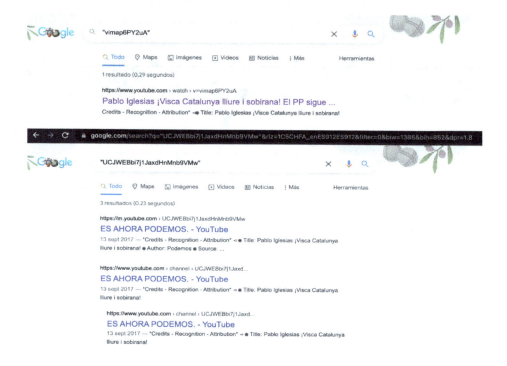

Estos pasos son los primeros para poder acceder a fuentes que aún indexen el contenido eliminado de la fuente original; si esta primera búsqueda es infructuosa, el analista debe acudir a: *wayback machine (archive.org)*. Si el vídeo fue eliminado de la fuente original, estará archivado con toda probabilidad, por el motivo explicado anteriormente de los *"spiders"*. Considérese también que el propio analista puede realizar el grabado en *wayback machine* de elementos que le interese conservar, como puede verse en la siguiente imagen.

Wayback Machine guardará los metadatos y datos e información de la URL facilitada, y pondrá en funcionamiento el motor de búsqueda con *elasticsearch*[26], para ofrecer toda la información más tarde. Si además de poder hallar los metadatos y datos, es necesario para el investigador descargarse los videos de un canal, todos los vídeos de un usuario, o incluso vídeos en otras fuentes; y almacenar la prueba gráfica, no solo las pruebas técnicas (identificación y/o hashes), para todo ésto existe un script en Python y C, que permite extraer el contenido en formato vídeo de diferentes clases, y con muchas funcionalidades adicionales, es el script YouTube-DL, que viene por defecto en TLOSINT Linux.

17.2. YouTube-DL:

Se comienza entrando en la máquina virtual TLOSINT, una vez arrancada, **seleccionar:** Open Source Intelligence > Downloaders > YouTube-DL

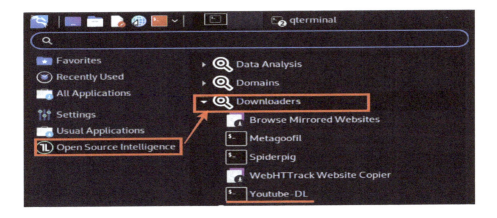

---

[26] Servidor de búsqueda basado en Lucene. Realiza de texto completo, capacidad de multimedia también.

El terminal muestra de inmediata la línea de ayuda y sus correspondientes comandos, como se aprecia existen multitud de funciones, que dependerá del tipo de investigación se esté realizando se necesitarán unas determinadas opciones u otras. Existe la posibilidad de configurar las búsquedas y descarga desde un proxy introduciendo directamente las credenciales en el comando que ejecutemos en la consola, no obstante, como ya se sabe, el analista siempre tendrá activo al menos el VPN del host, que compartirá la IP con la máquina virtual por defecto, a menos que se quiera configurar un tipo de red diferente para la máquina huésped.

Se continua con la línea de comando, y para descargar un vídeo de YouTube, se usará la siguiente orden:

>**youtube-dl URL del vídeo**

Se tendría el vídeo descargado como prueba, se guarda en formato mp4 de forma predeterminada.

Si el investigador o analista debe guardar los vídeos en una carpeta específica, sería darle el formato ruta, con el comando: *-o,* seguido del nombre del archivo que se pretenda guardar, en el ejemplo se ha puesto el nombre del archivo *"videosint"*.

>youtube-dl-o /home/kali/Videos/videosint URL video

Otra de las funciones que es interesante es poder grabar con otro formato de vídeo que no sea mp4.; con el comando:

--recode-video FORMATO

Con esta posibilidad se guardaría el vídeo descargado en la carpeta seleccionada anteriormente, con el nombre dado y en el formato elegido según las preferencias del analista.

Hay veces que el analista puede encontrarse con dificultades al descargar vídeos que tienen restricciones geográficas, y aunque ya se ha visto que ciertos VPN pueden saltar dichas restricciones, el script de Youtube-dl tiene la opción de introducir por líneas de comando la orden de *"geo-bypass"*.

--geo-bypass RU URL vídeo

El formato país, debe ser según ISO3166-2, en el ejemplo se eligió RU (Rusia)

		21 republics
		9 administrative territories
		46 administrative regions
RU	Russian Federation	2 autonomous cities
		1 autonomous region
		4 autonomous districts

El analista con la estructura básica de composición de comandos explicados, puede configurar su propia línea de orden para realizar diferentes y extensas indagaciones en cualquier vídeo, tanto es así que el potencial de este script tan sencillo pero potente, estiba en que **puede usarse con las mismas órdenes de comando para otras redes sociales y/o fuentes de información.**

Puede descargarse vídeos de Twitter, de Facebook, de Dailymotion, y LiveLeak incluso, como ejemplo:

```
└$ youtube-dl -o /home/kali/Videos/ https://facebook.com/watch?v=3524712781342
[facebook] 3524712781342: Downloading webpage
[facebook] 3524712781342: Downloading webpage
```

En Twitter se realiza de la misma forma que las demás, en el caso del ejemplo siguiente se ha dado nombre a donde se quiere guardar el vídeo.

```
┌──(kali㉿kali)-[~]
└$ youtube-dl -o /home/kali/Videos/osinttwitter https://twitter.com/dw_espanol/status/155379890335
0321152
[twitter] 1553798903350321152: Downloading guest token
[twitter] 1553798903350321152: Downloading JSON metadata
[twitter] 1553798903350321152: Downloading m3u8 information
[download] Destination: /home/kali/Videos/osinttwitter
[download]  36.1% of 11.08MiB at  2.84MiB/s ETA 00:02^C
```

Internet es mucho más que una tecnología. Es un medio de comunicación, de interacción y de organización social (Manuel Cassets)

Twitter es una red social que provee servicios de los denominados "microblogeo". En 2004 comienza la primera idea de la creación de la red social, por el desarrollador Noah Glass, y se denominaba por aquel entonces, proyecto ODEO; uniéndose más tarde a la idea el creador de Blogger.com, Eva Williams.

En sus comienzos era una plataforma de podcasting con unos 13 empleados, pero la salida de iTunes por Apple vaticinó lo que podría ser el desastre de la compañía ODEO. Al diseñador Jack Dorsey se le ocurrió la feliz idea de reconducir ODEO, mediante el uso de SMS para conversaciones entre pequeños grupos, naciendo Twitter, la red social de los 140 caracteres. ¿Cómo comenzó Twitter? Oficialmente en el 2006, eligiendo el nombre de Twitter, Noah Glass, que se fijó en el trino de un pájaro. Escribiendo el primer tweet de la historia Jack Dorsey el 21 de marzo de 2006.

Para comenzar una investigación en Twitter, se debe conocer como analista, que hay herramientas que necesitan de una cuenta en Twitter para poder operar dentro de la propia red social; teniendo en cuenta que se debe tener activo el modo desarrollador (si hiciera falta), pues Twitter permite a los desarrolladores usar funciones mediante API´s y obtener información de usuarios registrados (como sería lógico); para estos cometidos, hay que recordar que las cuentas deben ser creadas para estos fines, y nunca mezclar cuenta y diferentes objetivos, pues podrían quedar rastros indexados y que al realizar algún otro analista o investigador una recolección inversa, puedan llegar a conocer los objetivos que se han estado investigando por nosotros.

Pero, en el caso concreto del manual, centraremos la búsqueda en herramientas online, estrictamente sin el uso de cuentas de Twitter, que en el caso que se requiera para usar un script, por ejemplo, no se tiene más que crearla con un mail (temp mail), y activamos un usuario (Sock Puppet).

¿Cómo se realiza la obtención de información? Se comenzaría por las búsquedas mediante dorking, los específicos de Twitter.

Se usará para el ejemplo del manual, el siguiente dorking, con variable (V): Rafael Correa:

>site: twitter.com intext:"rafael correa"

>site: twitter.com inurl:"rafael correa"

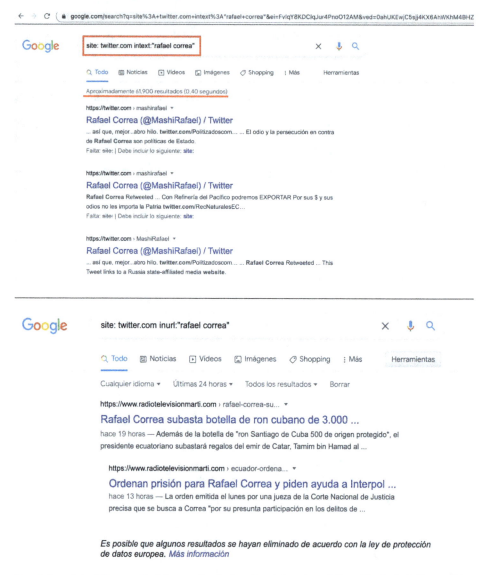

Los datos obtenidos por dorking y viendo los dominios de publicación de la información, servirían al analista para contemplar la idea de que dichas noticias, o bien no se corresponde con la fecha de publicación, o bien son noticias que han sido indexadas de nuevo; detalles que deben ser grabados por el analista en el informe, pues sirve para identificar después posibles doxing.

Además, el analista de forma general debe estar viendo los dominios de publicaciones de las noticias que son compartidas en Twitter, como sabéis son muchos los ciudadanos que acuden a diario a informarse de la actualidad con solo Twitter, por lo que se crea un" campo idóneo" para propagar noticias de intereses particulares, fake news, y decepción contra un determinado interés político, por ejemplo.

>site: twitter.com AND intext:"Pedro Sanchez" OR intitle:"Pedro Sanchez"

Se puede construir, como ya se ha ido viendo, los diferentes dork, en Twitter también, con los parámetros del valor de las variables (V) para filtrar como se puede observar los datos en tiempo, claves y variables. Estas búsquedas deben ser compaginadas con las herramientas online, tanto SocialBearing como Lampyre (lampyre.io), y sendos scripts en TL OSINT.

Cuando se ha realizado las diferentes búsquedas con comandos dorking, se debe saber identificar el número de ID de usuario, importante para luego usarlo en diferentes búsquedas, además de que se debe plasmar en el informe que el << número de ID_USER de la (V) es: >>; pues, aunque el usuario cambiara de nombre en su cuenta, la ID del usuario no cambiaría y podría estar localizado igualmente e incluso saber los diferentes alias que usa y link con otras redes sociales.

Una de las herramientas online más eficientes para la obtención de información, de manera ordenada y detallada, y con unas excepcionales opciones geográficas a la hora de traer la información es SocialBearing (para el ejemplo se ha usado el ex presidente de Ecuador, Rafael Correa, ya que es muy activo en redes), para ello realizamos los siguientes pasos:

1.1.   Nos dirigimos a: socialbering.com
1.2.   Introducimos el @usuario
1.3.   Obtenemos los datos ordenados

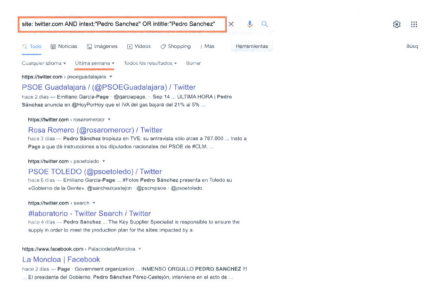

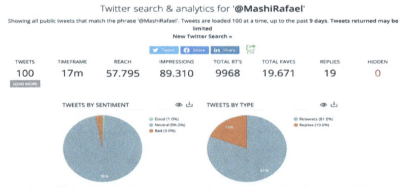

Los datos de análisis del usuario se exponen de manera gráfica, lo que facilita mucho la comprensión del análisis; además cuenta con la opción de descargar cada unidad de datos, y grafos por cada tipo de información, es decir, podemos descargar para nuestro informe un grafo de los tweets de un determinado perfil.

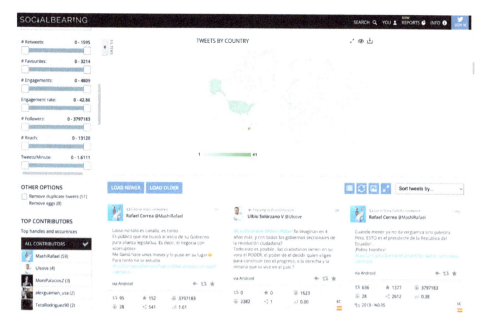

Con esta herramienta el analista puede ver incluso por delimitación geográfica donde se están emitiendo los tweets, información importante a la hora de elaborar el informe de análisis, sobre todo si es una variable política, pues las zonas donde se están ubicando ciertos mensajes de sentimientos pueden dar indicios de intención política, sin embargo si la variable que se investiga no es política el investigador puedo obtener con SocialBearing datos por cantidad de tweets, retweets y número de tweets, usuarios y una cantidad importante de información.

Pero si nuestra variable (V), es investigar por zona geográfica sin tener definido al usuario, pero si el mensaje, o los mensajes y se conoce la zona de salida de los tweets, existe una herramienta, que, aunque veremos en el siguiente capítulo de SNA, los análisis de sentimientos son un elemento eficaz de obtención de información sobre las características del usuario que aún no se conoce, pues la variable no es el nombre de usuario, sino zona geográfica de influencia.

La herramienta online o recurso, se denomina: #onemilliontweetmap.com, extrae de forma ordenada y con posibilidad de afinar las búsquedas según criterios del analista por mapa, sentimiento y tweets.

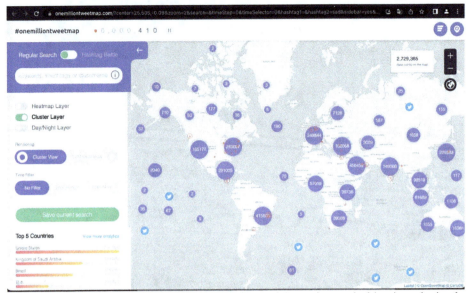

Con este recurso, el analista puede incluso definir la búsqueda con dorking introduciendo las coordenadas geográficas directamente en el buscador, lo que la convierte en un recurso ideal para crear un propio script de investigación por ubicación; no obstante, el recurso online de la web es sencillo de obtener toda la información necesaria.

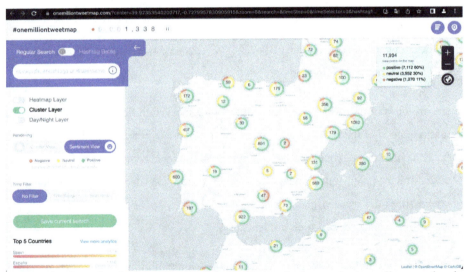

El investigador, además de realizar las búsquedas con las herramientas online, puede a la vez ejecutar script en TL-OSINT, como el escrito en Python (twint), que es un programa que efectúa scraping a usuarios de twitter.

Una de las cosas más interesantes de este script para un investigador, es que facilita todos los números de ID y de track, datos necesarios para adjuntar siempre junto con las capturas de pantalla para los informes.

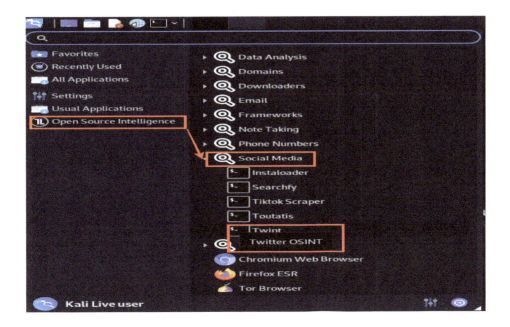

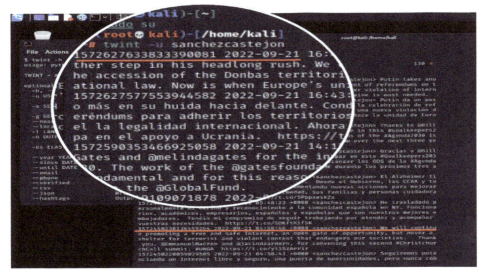

Fundamentos del scritp Twint:

1. Extraer datos directos sin necesidad de logearse
2. Numeración de cada tweet (importante como trackeo)

3. Búsqueda del track en los motores (search engine)

Se graba el track de los tweets que son de interés para la investigación, y se realiza la búsqueda directa en el motor de búsqueda que queramos con la numeración interna, y nos llevara directo al tweet y a trendsmap (interesante para poder obtener más datos y compararlo con los ya antes hallados).

Con trendsmap se puede tener de forma breve y bien definida, además de gráficamente el análisis de sentimiento político basada en interacciones en la red social Twitter; como se ha explicado, es una forma bastante interesante de tomar "pulso político" fuera de encuestas sin fuentes definidas. La experiencia en LATAN, confirma que esta fuente contrastada con otras de

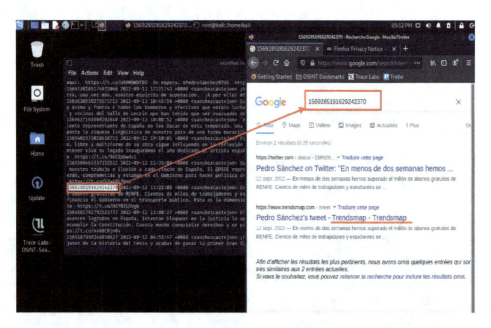

SOCMINT da un acierto bastante cercano, aunque si bien es cierto, luego existen las campañas de "cambio de intención de votos" (pero hay métodos para detectarlas).

Todas las informaciones que se han hallado en esta red social, es interesante; pues se debe recordar que no todas las redes sociales aportan datos de calidad, en el caso de Twitter es una gran herramienta para pulso y tono político, y de análisis de sentimiento social.

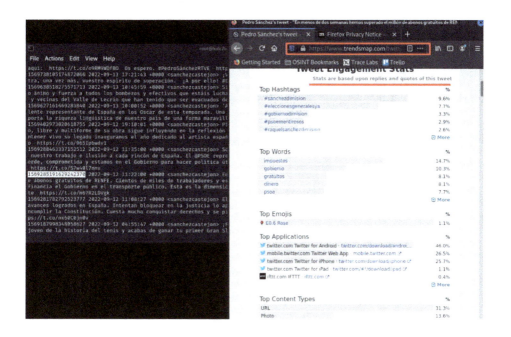

Capítulo 19: Telegram

No te creas todo lo que lees en internet solo porque haya una foto con una frase al lado

Es una plataforma de mensajería instantánea, que se lanzó el 14 de agosto de 2013, su función principal por aquel entonces era la mensajería adaptada a configuraciones de seguridad; y fue desarrollada por dos hermanos, uno llamado Nikolai Durov y Pável Durov. Telegram fue incorporando más funcionalidades en el tiempo, como el envío de archivos, comunicación en grupos, y VOIP.

Lo que hace a esta plataforma de las más interesantes de la mensajería instantánea, es que tienen un sistema activo de actualizaciones indefinidas, con lo que la convierte en una aplicación digna en cuanto a funcionalidades y sincronizaciones con otras plataformas, además de esto, Telegram permite de manera sencilla, pero no por ello sin una adecuada tarea de verificación, el que un usuario pueda interactuar en el "modo desarrollador", o crear sencillos bot para que pueda facilitar las tareas a nivel de envíos de mensajes a grupos, archivos y un sinfín de ideas que el propio usuario de forma fácil y directa puede hacer con la plataforma; tanto es así que estos 2 años atrás sobre todo, Telegram se ha convertido en un lugar ideal para realizar ventas online de diversos productos, y con ayuda de un pequeño bot en Python se puede gestionar una tienda online sin mucho esfuerzo, y con un asola conexión a internet y un teléfono smartphone.

Pero...si algunos/-as se preguntan... ¿Qué tiene que ver todo esto con mi trabajo como analista de fuentes abiertas? Tiene que ver todo, pues es información que se publica y que en sendas investigaciones pueden resultar útil, tanto con el uso de herramientas y/o script, como de forma manual; si bien hay multitud de herramientas sobre la extracción de información en Telegram, basaremos el capítulo en las más sencillas de instalar y de usar, pero sin renunciar al potencial de dichas herramientas a la hora de conseguir información. Esta plataforma podemos obtener datos como localización de usuarios, grupos con los que interactúa, e incluso ver códigos de identificación de usuario y otras funciones interesantes para investigaciones.

¿Qué podemos obtener de Telegram? En esta plataforma se puede llegar a obtener datos como la localización de usuarios, link con otras redes sociales, número detrás de alguna cuenta, y saber identificar de alguna forma el tipo de usuario que existe detrás de un "nickname", mediante el uso de herramientas y técnicas ya vistas en capítulos anteriores, además de por supuesto las herramientas online disponibles para extraer información de cuentas de Telegram, usuarios, grupos con los que determinados usuarios interactúan. ¿Es difícil realizar Ciberinteligencia en Telegram? Teniendo en cuenta los altos compromisos adquiridos de la plataforma en cuanto a privacidad, hace que Telegram se haya convertido en zona de cultivo de todo tipo de negocios, incentivado, por ese halo de anonimato que la aplicación vende, que cada vez proliferen más los anuncios en grupos de Telegram sobre ciberdelitos; así efectivamente se antoja más complejo el realizar alguna acción más básica, por lo tanto el analista deberá estar ágil para saber qué técnicas y recursos emplear en cada investigación que tenga las variables o variable de datos en la plataforma Telegram.

Los pasos de configuración que un analista en ciberinteligencia debe tener presente siempre a la hora de comenzar una investigación en Telegram, son las siguientes:

- Se tendrá siempre activo el VPN/ Proxy
- Se tendrá preparado un número virtual que no existan nexos y/o vínculos a otras cuentas usadas (sock puppet) en otras investigaciones; la razón, aunque ya mencionada y estudiada en el manual, simplificaremos diciendo que es para que no pueda obtener otro analista mediante investigación inversa o de variable, las propias variables investigadas por nosotros, y que quede al descubierto nuestra operativa.

- Terminal siempre limpio de cookies, historial y sin agenda registrada ni autorización al dispositivo para agregar contactos. Para la limpieza, un programa ya visto como ccleaner (*puede servir otro de igual función*)

- Configuración de privacidad (nadie puede ver número registrado, nadie ve imagen de perfil, ni compartir nada de datos de la cuenta).

Para comprender mejor estos criterios, y dónde hallar determinadas funciones mencionadas, como la del número virtual, el analista se dirigirá a buscar la app vSim (*en este caso del ejemplo, es con IOS, pero es idéntica para Android, de hecho, es la que realmente se usa en la mayoría de los casos, por el hecho de que se podría virtualizar Android x86*), aunque un sistema IOS, como ya sabéis tiene ciertas funcionalidades que acogen mejor la "no compartición" de datos de usuarios.

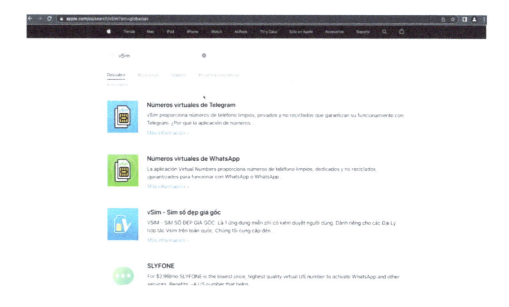

Una vez descargada vSim, procedemos a obtener el número en la región geográfica que nos interese y que pueda ser activado, para esto la propia aplicación nos dará la opción de elegir entre las propuestas. El siguiente paso que inmediatamente debe darse cuando se tenga el número activo, *pues en la misma vSim nos llegará el mensaje de confirmación de Telegram*, es la configuración de 2F (doble factor), para que el número virtual en caso de que aparezca a otro usuario (*difícil, pero puede ocurrir*), no pueda tener acceso al número elegido por nosotros, ni pueda activar otra aplicación; además de esto evitaremos que en algún momento puedan penetrar en nuestra cuenta.

Con el número virtual elegiremos donde tenerlo, o bien, en la máquina virtual, o bien en un terminal que tengamos para estos propósitos (IOS o Android), que servirá para realizar por supuesto envíos de grabify y canarytokens entre otros.

¿Por qué es importante realizar V-HUMINT? El concepto de virtual Humint, como vimos en el capítulo de sock puppet entre otros, es una de las figuras que en mensajería instantánea, blogs, y foros es la más usada por los analistas en ciberinteligencia, pues habrá veces que tendremos contacto directo con el investigado o variable, que es cuando mejor será de aplicación los conceptos de: grabify, canarytokens, iplogger, y otras herramientas que ya se conocen; y a veces sin tener contacto se deberá intentar el acercamiento al investigado (usuario) mediante las técnicas SET (Ingeniería Social); haciendo un osint previo a la variable para conocer las debilidades del canal de Telegram, del grupo o de un usuario del grupo que tenga alguna característica sensible a la filtración de información tanto consciente como inconsciente, como puede ser el egocentrismo, el aparentar o afán de mostrarse, y rasgos de personalidad que puedan indicarnos que por "minuto de gloria" nos lleva hasta *"la cocina de su casa",* estas circunstancias son importantes para realizar un buen V-HUMINT.

El análisis de sentimientos en grupos de mensajería instantánea puede darse con ayuda de herramientas para tal efecto, y que se verá en más detalles en el capítulo de SNA (Social Network Analisys); aunque también existe la experiencia del analista y la pericia en su entorno, donde quizás la variable a investigar y/o analizar no necesite de realizar un completo SNA de sentimiento.

¿Cómo se realizan los primeros pasos? Suponiendo que el analista no tiene contacto directo con la variable (V).

Se optará por los recursos online y dorking, existen diferentes herramientas online y recursos para ello, que veremos a continuación:

- Buscaremos (V) entendiendo "V" como la variable que será nombre de usuario en la herramienta online (t.me/username)
- Se hará uso del motor: IntelX.io (intelx.io/tolos?tab=telegram)
- El motor tgramSearch.com
- Motor específico para Telegram: Lyzem.com
- Realizar la búsqueda de usuario en: Lampyre.io
- Buscar en blogs, foros los enlaces de invitación a grupos

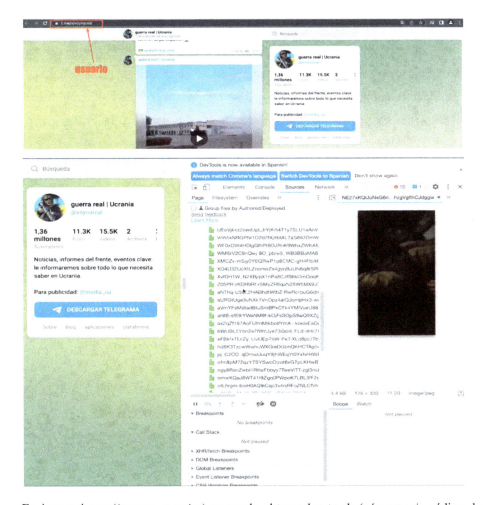

En inspeccionar (*imagen anterior*) se puede obtener los track (número y/o código de trazabilidad interno) para grabar en el informe que se esté realizando de ciberintelligencia, como ya sabéis este tracking es importante pues junto con las capturas de pantalla que se estén tomando deberá de acompañarse en el informe escrito este código alfanumérico pues identifica perfectamente lo que estemos añadiendo como prueba obtenida o información hallada.

En intelx.io se obtiene información de la variable-usuario en diferentes formatos a través de buscador avanzado Google (cse.google.com) pero de manera ordenada y con la funcionalidad interesante, que como analista debe tenerse siempre presente que son los Datos Estructurados, datos que nos servirá para grabar los códigos de trazabilidad de las investigaciones y su forma de obtención, además de poder luego indagar más con los diferentes datos estructurados hallados y grabados.

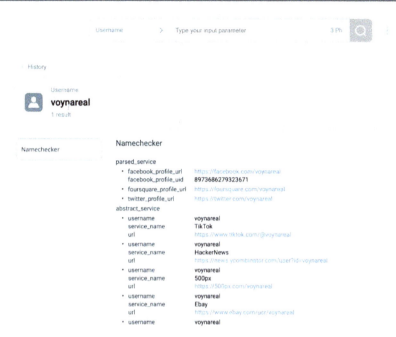

En el caso que se tenga o se halla conseguido el contacto directo con la variable, se hará uso de diferentes herramientas y técnicas:

• URL/ Direcciones WEB y/o CanaryTokens:

o SET[142] + CanaryTokens o: Locklizard.com

    Mailtracking.com

    Iplogger.org (tracking pixel)

    Grabify.link

• Formularios para inserción de CanaryTokens o Trackers: Se realizarán noticias creadas al efecto de compartir con el usuario o en el grupo directamente o canal (*aunque en el canal será más complejo el tracking*); se realizará siempre con ingeniería social (SET); hay diferentes sitios para crear estos eventos, como: Telegra.ph, Teletype.in o cualquier creador de noticias online (según el nivel del investigado); a mayor nivel de conocimientos del entorno, más dificil que "pinche" en los tracking enviados o se fíe de la noticia y "*clickee*".

• Llamada PTP a usuario de Telegram o Variable Telegram: Para analistas avanzados se puede hacer uso, como ya vimos anteriormente de la herramienta Wireshark (un analizador y monitoreo de datos, paquetes, direcciones ip y protocolos), que se usa para analizar entre otras muchas cosas los paquetes de extremo a extremo o por si existen anomalías en la red donde se estén realizando las pruebas. De esta forma se puede llegar a conocer la dirección IP del investigado, normalmente la real, pues debe tener un Ip definida para poder recibir la llamada por VOIP.

```
▸ Frame 1280: 134 bytes on wire (1072 bits), 134 bytes captured (1072 bits) on
▸ Ethernet II, Src                           ), Dst: IntelCor_df:ff:
▸ Internet Protocol Version 4, Src:
▸ User Datagram Protocol, Src Port: 599, Dst Port: 46211
▾ Session Traversal Utilities for NAT
      [Request In: 1259]
      [Time: 0.156861891 seconds]
   ▸ Message Type: 0x0103 (Allocate Success Response)
      Message Length: 72
      Message Cookie:
      Message Transaction ID:
      [STUN Network Version: RFC-5389/8489 (3)]
   ▾ Attributes
      ▸ XOR-RELAYED-ADDRESS:
      ▸ XOR-MAPPED-ADDRESS:
      ▸ LIFETIME 60
```

Capítulo 20: SNA (Social Netwirk Analysis)

Social Network Analysis, o Análisis de Redes Sociales, se refiere cuando a través de técnicas que están basadas en investigaciones cuantitativas, se aporta visualmente la información, denominada *grafos*; estos grafos muestran las relaciones e interacciones entre las distintas variables (V), denominadas en SNA, como vértice (actores) o nodos.

Por lo tanto, SNA trata de representar los nodos, de una red social formada por una cantidad (cuantitativa) de variables (actores), y sus conexiones entre vértices, que se denominan *aristas*. Se de saber que el SNA es una técnica más para los recursos de fuentes abiertas, pero no sería suficiente tan solo con este análisis, por muy extenso y/o completo que parezca, cuando se realiza con distintos software y script de manera automática puede dar errores a la hora de presentar la información, por lo tanto, inducirá a error al analista, por todo esto el analista en ciberinteligencia debe comparar con el resto de estudios realizado de forma manual.

Con SNA extraemos información que se publica en redes sociales, pero más allá de las meras publicaciones, se tendrá en cuenta las relaciones vinculantes o no (dependerá del grado de interacción) entre variables, nodos, aristas y lugar conformando todos estos datos un grafo visual donde poder consultar cada aspecto del análisis.

¿Qué podemos obtener de SNA? Permite obtener datos e informaciones de vínculos entre variables, relaciones (directas o indirectas), rígidas o algunas no-rígidas, es decir que no existe una dirección de interacción. La forma más conocida de los análisis es la capacidad de medir la *centralidad,* es decir el poder que ejerce una variable en el ecosistema de la red (contactos).

¿Es difícil realizar SNA? Conoceremos primero las definiciones básicas para poder comprender y leer un grafo de visualización de SNA, que se nos presente como analista de ciberinteligencia.

Para realizar un análisis de SNA basado en los grafos que hayan sido obtenidos por el analista, se requiere de otros conocimientos en herramientas online y de script específicos para SNA.

Partes del SNA (Conociendo el grafo):

1. Nodo (vértice): Diagrama con "puntos" (Variables = humano)
2. Arista: Lo que une a los nodos o vértices
3. Dirección: Sentido de la arista hacia los nodos
4. Vínculos (interacciones): Son las líneas, representan las relaciones en redes sociales entre nodos, mediate dirección, aristas,

    4.1. No-dirigidas: Se conocen entre nodos, pero no importa la dirección de conexión (ejemplo: dos amigos, están conectados, pero no importa dirección)

    4.2. Dirigidas: La direccionalidad es importante (respuesta a un tweet, hashtag, o menciones de un usuario a otro).

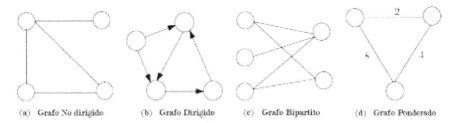

(a) Grafo No dirigido   (b) Grafo Dirigido   (c) Grafo Bipartito   (d) Grafo Ponderado

5. Lazo: Arista que sale de un vértice y regresa al mismo vértice A={1,1}
6. Valencia o Grado: Números de lados que salen o entran a un vértice

7. Grafo Bipartido: Compuesto por 2 conjuntos (a b), uno se relaciona con el otro, pero no con los dos del mismo conjunto (ejemplo amigos común)

8. Conexo: Conectado, siempre existe un cambio para ir a un vértice

9. No conexo: No conectado, no se pueden acceder a ellos

10. CaminoEuler:Conexoysiemprecomienzayterminaen"impar"(Valencias)

11. CircuitoEuler:Conexoyvérticesdevalenciapar.

Construyendo los grafos:

Lo primero es conocer la estructura de los grafos, para poder realizar una lectura correcta, y su posterior informe de análisis, que es en lo que nos centraremos en este tema, en saber interpretar y construir un grafo basado en nuestras informaciones e hipótesis de análisis de ciberinteligencia.

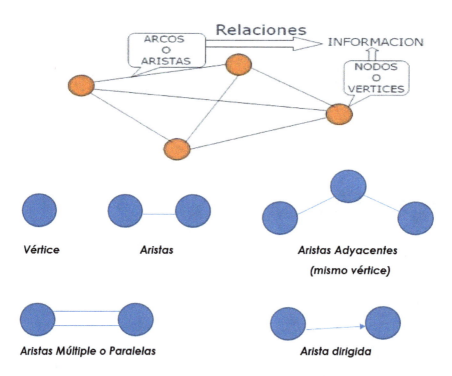

¿*Cómo se realizan los primeros pasos?* Para realizar un grafo a partir de una información o bien poder leer un grafo y sacar la información para el análisis, como norma general se comenzará de la siguiente forma:

1. 1.1. Ubicando e identificando los vértices (nodos / variables)

2. 1.2. Se le asignan letras a los vértices y números a las aristas

3. 1.3. Identificar las valencias de cada vértice

4. 1.4. Identificar el número de lazos del grafo

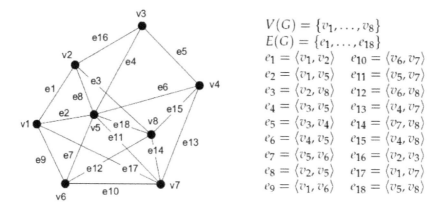

$$V(G) = \{v_1, \ldots, v_8\}$$
$$E(G) = \{e_1, \ldots, e_{18}\}$$

$e_1 = \langle v_1, v_2 \rangle$	$e_{10} = \langle v_6, v_7 \rangle$
$e_2 = \langle v_1, v_5 \rangle$	$e_{11} = \langle v_5, v_7 \rangle$
$e_3 = \langle v_2, v_8 \rangle$	$e_{12} = \langle v_6, v_8 \rangle$
$e_4 = \langle v_3, v_5 \rangle$	$e_{13} = \langle v_4, v_7 \rangle$
$e_5 = \langle v_3, v_4 \rangle$	$e_{14} = \langle v_7, v_8 \rangle$
$e_6 = \langle v_4, v_5 \rangle$	$e_{15} = \langle v_4, v_8 \rangle$
$e_7 = \langle v_5, v_6 \rangle$	$e_{16} = \langle v_2, v_3 \rangle$
$e_8 = \langle v_2, v_5 \rangle$	$e_{17} = \langle v_1, v_7 \rangle$
$e_9 = \langle v_1, v_6 \rangle$	$e_{18} = \langle v_5, v_8 \rangle$

Para ver estos datos, con la teoría explicada, identificaremos en primer lugar los *vértices*, también llamados *nodos* o para referirnos en un plano de ciberinteligencia podemos usar también, variable, pero lo ideal es en el campo del SNA, denominarles vértices. Estos vértices se identifican con los puntos del grafo, cada uno de ellos representan un vértice, que se enumeraran para poder identificarlos en el grafo, y construir las matrices. En la figura anterior podemos observar que V(G) = {v1,.....,v8} , aunque a primera vista para el neófito pueda parecer algo complejo, realmente es sencillo; la (v) vértices del grafo (G) son un total de 8, es decir, el grafo lo componen 8 vértices {v1,...v8}.

Con respecto a las *aristas,* y sus *valencias,* se le asignan números a todas las aristas, con el fin de poder dar sentido matemático y cuantitativo al grafo; el número de aristas se identifican como "*e*" (sin las comillas). Si extraemos del grafo de la figura estudiada, se observa que hay un total de 18 aristas, contando simplemente la cantidad de líneas que se unen a un vértice: E (G) = {e1,.....,e18}.

De igual forma que la anterior *(v(G))*, la E representa las aristas, la G el grafo, y su numeración de la arista 1 (e1) hasta la arista 18 (e18).

Ahora se tiene que, una vez identificados los nodos, vértices y aristas, se debe conocer el grado o valencia, que como se ha visto, son el número de aristas que salen de un nodo o vértice. Como ejemplo, se toma el primer nodo o vértice, el dato que aporta el grafo es:

e1 = {v1,v2}. Esto quiere decir que la arista 1 va del vértice 1 (v1) al vértice 2 (v2), si el analista opta por esta opción deberá aplicar la siguiente fórmula (que no es más que multiplicar por 2 el número de aristas. *"El número de aristas incidentes con un vértice v se denomina grado de v, denotado como δ(v)"*

$$\sum_{v \in V(G)} \delta(v) = 2 \cdot |E(G)|$$

Conviene conocerla, aunque la opción más sencilla es contar las aristas que salen de cada vértice o nodo y el resultado es lo mismo, el grado por vértice, no obstante, se debe tener presente para poder leer los grafos de otros analistas o expertos en SNA. Teniendo la figura anterior (grafo y numeración aristas y vértices), y realizando el sumatorio de los vértices del grafo ΣV(G) = multiplicamos por 2 las aristas del grafo (esa es la fórmula).

De forma aún más sencilla en el siguiente cuadro, se observa que el vértice 1 (v1), tiene un grado o valencia de 4, pues si bien es cierto que si contamos solo las aristas que salen de (v1) hacia diferentes nodos, serán 4 líneas que representan esas aristas, que en SNA significan interacciones entre nodos, vínculos o relaciones directa o indirecta, o bien dirigidas o sin dirección, como ya se han visto anteriormente cada significado.

Vértices	Grado	Aristas incidentes	Vecinos
v_1	4	$\langle v_1,v_2 \rangle, \langle v_1,v_5 \rangle, \langle v_1,v_6 \rangle, \langle v_1,v_7 \rangle$	$v_2.v_5.v_6.v_7$
v_2	4	$\langle v_1,v_2 \rangle, \langle v_2,v_3 \rangle, \langle v_2,v_5 \rangle, \langle v_2,v_8 \rangle$	$v_1.v_3.v_5.v_8$
v_3	3	$\langle v_2,v_3 \rangle, \langle v_3,v_4 \rangle, \langle v_3,v_5 \rangle$	$v_2.v_4.v_5$
v_4	4	$\langle v_3,v_4 \rangle, \langle v_4,v_5 \rangle, \langle v_4,v_7 \rangle, \langle v_4,v_8 \rangle$	$v_3.v_5.v_7.v_8$
v_5	7	$\langle v_1,v_5 \rangle, \langle v_2,v_5 \rangle, \langle v_3,v_5 \rangle, \langle v_4,v_5 \rangle, \langle v_5,v_6 \rangle, \langle v_5,v_7 \rangle, \langle v_5,v_8 \rangle$	$v_1.v_2.v_3.v_4.v_6.v_7.v_8$
v_6	4	$\langle v_1,v_6 \rangle, \langle v_5,v_6 \rangle, \langle v_6,v_7 \rangle, \langle v_6,v_8 \rangle$	$v_1.v_5.v_7.v_8$
v_7	5	$\langle v_1,v_7 \rangle, \langle v_4,v_7 \rangle, \langle v_5,v_7 \rangle, \langle v_6,v_7 \rangle, \langle v_7,v_8 \rangle$	$v_1.v_4.v_5.v_6.v_8$
v_8	5	$\langle v_2,v_8 \rangle, \langle v_4,v_8 \rangle, \langle v_5,v_8 \rangle, \langle v_6,v_8 \rangle, \langle v_7,v_8 \rangle$	$v_2.v_4.v_5.v_6.v_7$

Obtenemos de información que del vértice v1, tiene un grado 4, compuestas por las aristas que van de (v1, v2) de (v1, v5) de (v1, v6) y de (v1, v7); 4 subconjuntos (v2, v5, v6, v7).

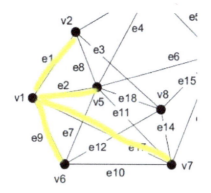

De esta forma se contarían el resto de aristas para conocer el grado o valencia, yendo un poco más allá, observaréis en la tabla, una entidad que se denomina "vecinos", que no son más que los vértices donde las aristas llegan, que debe coincidir con el número de grado, por lo que para obtener los vecinos es tan solo numerar, los vértices o nodos de llegada desde el vértice que nos fijemos, en el caso del ejemplo, ha sido el v1, vértice 1.

Ejemplo: Un repartidor de Amazon, tiene 5 pedidos que entregar a diferentes domicilios, y solo tiene 1 hora para entregarlos y regresar a su trabajo. ¿Qué camino podría usar para recorrerlos una vez?

- *El lugar de trabajo (de donde sale y debe regresar, Vértice = Amazon.*
- *Los vértices o nodos pueden ser "casa", por ejemplo, vértice 1 = casa1.*

1. *Realizar el grafo de SNA*
2. *Identificar las partes del grafo (Número de Vértices totales, Aristas, Lados paralelos y Lazos).*

   3. Obtener las Valencias

Respuesta:

Partes del grafo:

Vértices: 6   Aristas: 12   Lados paralelos: 0   Lazos: 0

Valencias: Valencia (1): 4 Valencia (1): 4 Valencia (1): 4 _Valencia (1): 4 Valencia (1): 4 Valencia (1): 4

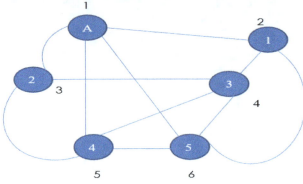

Diríamos que un grafo no dirigido, porque no hay dirección en aristas. Simple porque no tienen lazos ni lados paralelos, y de grado regular de n: 4

Conociendo estos conceptos básicos de grafos y formación de conceptos matriciales, el analista podrá, no solo leer grafos aportados por otros analistas y expertos en estudios de redes sociales, sino llevarlas directamente al campo de la práctica en SOCMINT, si bien es cierto que como se ha estado mencionando en este capítulo, las aplicaciones métricas de SNA, proveen o pueden proveer métodos descriptivos y centrados en cómo *"piensan, sienten y actúa la gente, cuyas acciones se caracterizan en una estructura social a la cual está vinculada"*[144]. El análisis de redes sociales cuenta con varias medidas para aportar en la interpretación de datos, *"como la centralidad de grado, cercanía, intermediación, que pretenden buscar los actores que más actúan en una red social, dando el mayor de nivel de centralidad al más popular y ocuparía una posición estructural importante dentro de la red"*[145].

Como ya se vio en el capítulo de SOCMINT, sobre Twitter, es una red social bajo mi punto de vista como analista de ciberinteligencia, de la mejor para realizar análisis de índole político y sobre sentimiento social hacia determinados factores, siempre el analista intenta configurar los patrones o patrón característicos de una investigación, ya sea de una red social completa, o las interactuaciones de un nodo, vértice o variable en un campo de actuación concreto.

En el caso de Twitter, para realizar las extracciones de los datos en plano o crudos para un posterior análisis de SNA, se precisa de las API de desarrollador de Twitter, que ya se explicó cómo obtenerlas, que no es más que solicitarlas a la propia red social para que se facilite una numeración API KEY, que dará paso al uso de aplicaciones dentro de Twitter, aunque con los dorking no se podrá obtener los mismos datos, si se pueden luego realizar el muestreo entre unos y otros usando grafos de SNA.

En el siguiente ejemplo, se puede observar el funcionamiento para la extracción y/o "scrapeo" del contenido de cada tweet, para poder realizar un "extrac_data" con toda la información posible.

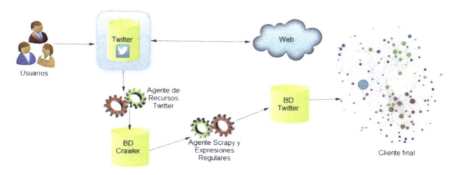

Fig 1.)   Diagrama del agente para la extracción de datos (BDTwitter)

Una de las fuentes de información es obviamente el contenido en sí del tweet, pues su semántica hará conocer el sentimiento de la salida de los nodos y hacía donde, que siendo extraída por la fase anterior de API scraping, se podría usar las expresiones regulares, y hallar menciones, etiquetas (hashtags), enlaces o direcciones completas URL. Si en algún caso hallamos algún tweet con una URL, la herramienta de scraping podría extraernos datos relevantes como fecha, título de la página, si existe un acortamiento en la dirección URL, y a donde lleva esas aristas, material imprescindible por ejemplo para realizar verificaciones de noticias. Con los datos extraídos el analista puede elaborar una fórmula de actuación para los grafos, en el caso de este manual, no será de aplicación los conceptos avanzados de formulación ni matrices, se ha desarrollado y centrado en la búsqueda, extracción y análisis de datos a partir de herramientas online y script en pyhton pre-desarrollados (*ejemplo de fórmula avanzada para detectar usuarios propagadores.*

Susceptibilidad). Gephi, es una plataforma de software de código disponibles para los diversos tipos de análisis, incluyendo análisis de redes sociales y web semántica. Es recomendable leerse el manual de uso por las diversas capas presentes para la obtención de grafos, aunque es sencilla e intuitiva.

Es una plataforma que nos facilitará el abrir los grafos que se hayan facilitado en la investigación para poder visualizarlo en detalle y extraer más datos a partir de los vértices, nodos y aristas; todo esto a través de hojas de cálculos, archivos .csv, o cualquier tipo de dato obtenido en los formatos descrito podremos extraerlo con Gephi y visualizar mediante grafos el estudio para el correspondiente análisis.

$$S(u_i) = \frac{\sum_j B(u_i \in G_{F_j})}{\sum_k B(u_i \in G_{T_k}) + \sum_j B(u_i \in G_{F_j})}$$

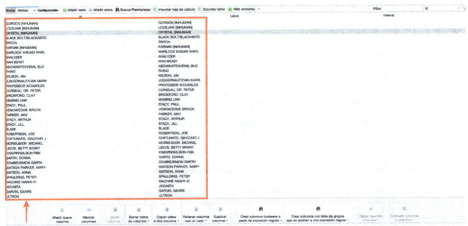

Obtenido la fuente de datos, en el caso del ejemplo, una hoja de cálculo de nombres de super héroes y su relación dentro de la red social que los componen, esta fuente ha sido obtenida de internet (*kaggle.com*); de esta página se pueden descargar diferentes estudios de multitud de ramas sobre la ciencia de los datos.

Poniendo en práctica lo aprendido sobre nodos, vértices, aristas y demás datos de SNA, se podrá conocer a partir del fichero descargado y abrirlo en *Gephi* muchos más datos, como distancias entre nodos (interacciones entre vértices), el grado de las aristas, y la centralidad.

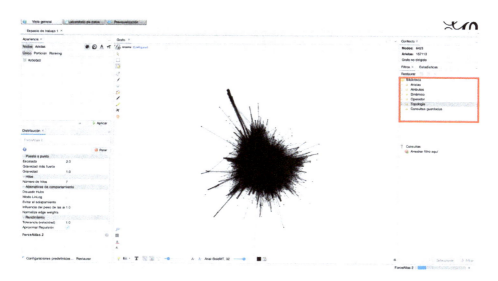

Calcular incluso el diámetro de la red completa, que en el ejemplo es 5, tenga en cuenta el analista que, según la *hipótesis de los 6 grados de separación*, en la se puede conocer a cualquier persona del mundo a no más de 6 de personas de distancia. En el ejemplo son hasta 5 el grado de diámetro de la red, pues son todos de la misma red social (super héroes).

Con Gephi, se podrá dar diferentes atributos, colores y características interesantes para que la lectura sea más sencilla para poder plasmarlo en un análisis de ciberinteligencia, si bien el analista podría obtener una hoja de datos de menos vértices, y aristas, o incluso realizar el analista la hoja propia de sus investigaciones en las fases de obtención, como podrían ser cuentas Twitter, con tweets, Facebook y usuarios con interacciones, y abrirlo posteriormente con Gephi, para poder visualizar los grafos y extraer más contenido de análisis de la red social analizada.

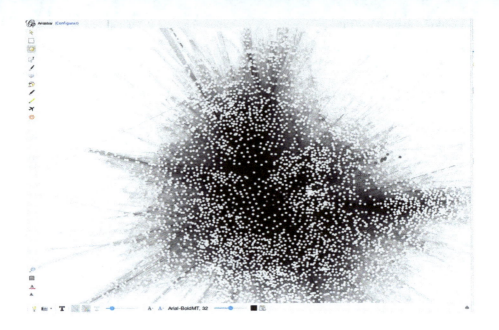

Existen diversas herramientas online para la obtención de información por grafos de SNA, pero es esencial conocer la base dada en este tema para poder continuar e interpretar los datos correctamente.

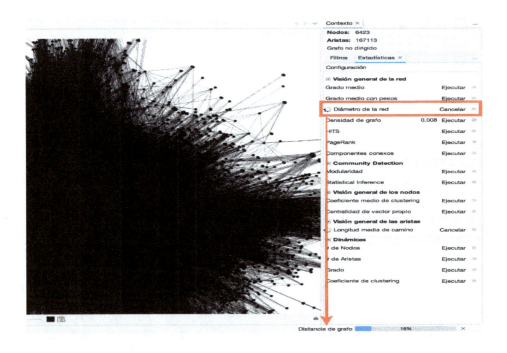